한국의 지질공원

지질 연대표

국가 지질공원	원생대	고생대				
		캄브리아기	오르도비스기	실루리아기	데본기	석탄기
한탄·임진강	▬▬▬					
강원고생대		▬▬▬	▬▬▬	▬▬▬	▬▬▬	▬▬▬
무등산권	▬▬▬					
청송	▬▬▬					
강원평화지역	▬▬▬					
부산						
제주도						
울릉도·독도						
경북 동해안						
전북 서해안권						
	5억4천1백만 년	4억8천5백만 년	4억4천4백만 년	4억1천9백만 년	3억5천9백만 년	

❶ 지역
❷ 면적
❸ 지질형성기
❹ 인증연월
❺ 지질명소

한탄·임진강 국가지질공원
한탄강을 따라 내륙지방 유일의 현무암 협곡과 주상절리가 이어져 있는 곳으로 원생대부터 신생대까지 지질시대별로 다양한 암석을 관찰할 수 있다.
❶ 경기도 포천시, 연천군 ❷ 766.68km²(포천시 493.3km², 연천군 273.3km²) ❸ 원생대, 중생대 트라이아스기~백악기, 신생대 고제3기~제4기 ❹ 2015년 12월 31일 ❺ 20개소

무등산권 국가지질공원
해발 950m 이상의 산 정상부에 있는 주상절리대와 너덜지대, 화순고인돌 등 다양한 지형과 지질학적 특징을 갖고 있다.
❶ 광주광역시, 전라남도 화순군·담양군 ❷ 296.31km²(광주광역시 133.71km², 화순군 95.18km², 담양군 12.7km²) ❸ 중생대 쥐라기~백악기 ❹ 2014년 12월 10일 ❺ 23개소

강원고생대 국가지질공원
고생대 퇴적암류의 표식지로서 매우 중요한 곳으로 국내에서 가장 뛰어난 하천지형 및 카르스트지형이 발달하여 학술적으로도 중요하다.
❶ 태백시, 영월군, 평창군, 정선군 ❷ 1,990.01km²(태백 303.44km², 영월 634.11km², 평창 109.71km², 정선 942.75km²) ❸ 고생대 캄브리아기~오르도비스기, 석탄기~페름기 ❹ 2017년 1월 5일 ❺ 21개소

청송 국가지질공원
기묘한 기암단애와 얼음골, 주산지 등 원생대부터 신생대의 다양한 암석을 만날 수 있다.
❶ 청송군 ❷ 175.26km² ❸ 원생대, 중생대 쥐라기~백악기, 신생대 신제3기 ❹ 2014년 4월11일 국가지질공원 인증, 2017년 5월1일 세계지질공원 인증 ❺ 24개소

페름기	중생대			신생대			
	트라이아스기	쥐라기	백악기	고제3기	신제3기	제4기
2억9천만 년	2억5천만 년	1억4천5백만 년	6천6백만 년	2천3백만 년	2백5십만 년	5천 년

강원평화지역 국가지질공원
한반도 중부 DMZ 인접지역 5개 군을 연결한 곳으로 원생대와 중생대, 신생대에 이르는 한반도 주요 지질의 변화 과정을 이해할 수 있다.
❶ 철원군, 화천군, 양구군, 인제군, 고성군(강원도 DMZ 접경 5개 군) ❷ 2,067.07km² ❸ 원생대, 중생대 트라이아스기~쥐라기 ❹ 2014년 4월 11일 ❺ 21개소

제주도 국가지질공원
2010년 유네스코에서 인증한 세계지질공원이다. 신생대 제4기에 화산 분출로 형성되었으며, 화산 지형이 원형 그대로 잘 보존되어 있다.
❶ 제주특별자치도 전체 ❷ 1,848.85km² ❸ 신생대 제4기 ❹ 2010년 10월 4일 세계지질공원 인증, 2012년 12월 27일 국가지질공원 인증 ❺ 12개소

경북 동해안 국가지질공원
울진의 원생대부터 경주의 신생대까지 전 지질시대를 아우르는 지질 다양성을 품고 있다.
❶ 포항시, 경주시, 영덕군, 울진군 일대 ❷ 2,261km²(포항 669.5km², 경주 497.9km², 영덕 439.7km², 울진 653.9km²) ❸ 원생대, 중생대 쥐라기~백악기, 신생대 신제3기 ❹ 2017년 9월 13일 ❺ 19개소

부산 국가지질공원
구릉성 산지와 소반도, 만이 발달된 리아스식 해안의 특징을 보여주는 곳으로 약 8천만 년 전 공룡이 살던 중생대 백악기 시대의 지질환경을 관찰할 수 있다.
❶ 부산광역시 전체 ❷ 296.98km²(육상 287.88km², 해상 9.10km²) ❸ 중생대 백악기, 신생대 고제3기~제4기 ❹ 2013년 12월 6일 ❺ 12개소

울릉도·독도 국가지질공원
화산지역 특유의 지형과 지질 등 지질유산이 풍부한 곳으로 화산섬의 풍화, 침식, 퇴적 과정 등을 손쉽게 관찰할 수 있다.
❶ 울릉군 전체 ❷ 127.9km²(육상 72.8km², 해상 55.1km²) ❸ 신생대 신제3기~제4기 ❹ 2012년 12월 27일 ❺ 23개소

전북 서해안권 국가지질공원
부안의 퇴적암과 고창의 갯벌과 모래, 조간대까지 멋진 풍경뿐 아니라 세계적 가치를 지닌 지질명소가 잘 보존되어 있다.
❶ 고창군, 부안군 ❷ 520.3km²(고창군 316.53km², 부안군 203.77km²) ❸ 원생대, 중생대 트라이아스기~백악기, 신생대 제4기 ❹ 2017년 9월 13일 ❺ 12개소

지질공원이란?

아름다운 관광지에서 사람들이 감탄하며 바라보는 산봉우리, 기암괴석, 폭포, 동굴, 섬 등은 이 땅을 이루는 단단한 암석이 오랜 세월 풍화를 겪으면서 아름답고 독특한 지형 경관을 만든 것이다. 다양한 지형과 지질을 간직하고 있는 한반도는 국제 기준에 견주어도 손색이 없을 만큼 가치가 높다.

우리나라 자연공원법(제2조 제4의 2호)에서 정한 국가지질공원의 정의는 지구과학적으로 중요하고 경관이 우수한 지역으로서, 이를 보전하고 교육·관광 사업 등에 활용하기 위해 환경부장관이 인증한 공원을 말한다. 또한 지질공원은 단순히 지질만을 다루는 것이 아닌 사람(주민) 중심의 활동이 핵심이라 할 수 있다. 즉 지역의 모든 자원, 지질과 생물, 고고, 역사 문화자원을 모두 활용하여 보전과 교육, 관광을 통해 지역경제를 발전시키는 것을 의미한다.

따라서 지질공원은 보호를 최우선으로 하는 다른 보호제도와 달리 보호와 활용을 조화시키는 제도이다. 국립공원과 천연기념물, 습지보호지역 등은 행위제한이 있

어 지역 주민들이 거부감을 가지는 경우가 있지만, 지질공원은 핵심 관심 대상을 지오사이트(geosite)로 지정하고 별도로 용도지구를 설정하지 않아 지역 주민의 재산권 행사에 아무런 제약이 없다.

국가지질공원으로 인증되면 지질공원 관련 다양한 활동을 하고, 4년마다 재평가를 받아야 한다. 이때 재인증이 탈락되면 인증이 취소되고, 취소 이후 인증 기준에 맞으면 다시 국가지질공원이 될 수 있다. 우리나라는 2017년 10월 현재, 제주도와 울릉도·독도, 부산, 강원평화지역, 청송, 무등산권, 한탄·임진강, 강원고생대, 경북 동해안, 전북 서해안권 지역이 국가지질공원으로 인증받았다. 그리고 진안·무주, 옹진·강화, 단양, 전라남도(신안, 목포, 해남, 진도), 설악권(속초, 양양), 태안·서산 등 전국 여러 곳에서 지질공원 인증을 위한 준비를 하고 있다.

세계 지질공원이란?

유네스코에서는 지질공원을 '특별한 과학적인 중요성, 희귀성 또는 아름다움을 지닌 지질 현장으로서 지질학적 중요성뿐만 아니라 생태학적, 고고학적, 역사적, 문화적 가치도 함께 지니고 있는 지역으로 보존, 교육 및 관광을 통하여 지역경제 발전을 도모하는 지역'이라고 정의한다.

지질공원에는 두 가지 종류가 있다. 각 국가가 인증하는 국가지질공원(National Geopark)과 유네스코 세계지질공원위원회(UNESCO Global Geopark Network)에서 인증받은 세계지질공원(Global Geopark)이다. 세계지질공원은 국가지질공원이 세계지질공원망(GGN)의 회원으로 가입한 지질공원을 말하며, 유네스코에서 특별 지원 활동으로 지원하고 있다. 세계지질망은 2004년 2월에 결성되었으며, 전 세계 지질공원간의 네트워크 그룹(GGN)에는 유럽지질공원의 네트워크 그룹(EGN), 아시아태평양 지질공원 네트워크 그룹(APGN)이 있다.

세계지질공원에 가입하려면 유네스코에 신청서를 제출한 후 현지 실사 등을 통해 자격을 인정받으면 세계지질공원망의 회원으로 가입된다. 세계지질공원도 4년 후

재평가를 해서 회원자격을 심사하고, 세계지질공원으로 재인증이 되지 않더라도 국가지질공원 지위는 유지된다. 세계지질공원은 유럽과 아시아, 오세아니아, 북아메리카, 남아메리카에 있는 35개국 127개소가 있다. 우리나라에서 유네스코 세계지질공원으로 인증받은 곳은 제주(2010년)도와 청송(2017년)이다.

제주도는 2008년부터 세계지질공원 인증에 필요한 준비를 하고 현장평가 등의 절차를 차근차근 거쳐 2010년 10월에 세계지질공원으로 인증받았다. 현장평가를 나온 전문가 심사위원 두 명은 제주도를 세계지질공원의 모형 지역이라며 높이 평가했다. 제주도는 2002년 생물권보전지역, 2007년 세계자연유산, 2010년 세계지질공원으로 인증받아 유네스코 3관왕을 달성했다. 이후 제주도는 국제 사회에서 인지도가 더욱 높아져서 외국 관광객이 늘었으며, 수월봉 지역은 지오사이트(Geosite)로 선정된 이후 지역경제에 큰 도움이 되고 있어 지역주민의 참여와 호응도 높다.

차례

2	지질연대표
4	지질공원이란?
6	세계지질공원이란?
10	이 책을 보는 법
11	전국 지질공원 지도

12	**울릉도·독도 국가지질공원**
16	지질명소를 찾아가요!
18	두근두근! 지질명소를 알아봐요!
22	뚜벅뚜벅! 지질트레일을 걸어 봐요!
24	지질명소와 함께 보면 더 좋은 곳
25	흥미진진! 오감으로 즐겨 봐요!

26	**제주도 국가지질공원**
30	지질명소를 찾아가요!
32	두근두근! 지질명소를 알아봐요!
36	뚜벅뚜벅! 지질트레일을 걸어 봐요!
38	지질명소와 함께 보면 더 좋은 곳
39	흥미진진! 오감으로 즐겨 봐요!

40	**부산 국가지질공원**
44	지질명소를 찾아가요!
46	두근두근! 지질명소를 알아봐요!
50	뚜벅뚜벅! 지질트레일을 걸어 봐요!
52	지질명소와 함께 보면 더 좋은 곳
53	흥미진진! 오감으로 즐겨 봐요!

54	**청송 국가지질공원**
58	지질명소를 찾아가요!
60	두근두근! 지질명소를 알아봐요!
64	뚜벅뚜벅! 지질트레일을 걸어 봐요!
66	지질명소와 함께 보면 더 좋은 곳
67	흥미진진! 오감으로 즐겨 봐요!

68	**강원평화지역 국가지질공원**
72	지질명소를 찾아가요!
74	두근두근! 지질명소를 알아봐요!
78	뚜벅뚜벅! 지질트레일을 걸어 봐요!
80	지질명소와 함께 보면 더 좋은 곳
81	흥미진진! 오감으로 즐겨 봐요!

82	**무등산권 국가지질공원**	96	**한탄·임진강 국가지질공원**
86	지질명소를 찾아가요!	100	지질명소를 찾아가요!
88	두근두근! 지질명소를 알아봐요!	102	두근두근! 지질명소를 알아봐요!
92	뚜벅뚜벅! 지질트레일을 걸어 봐요!	106	뚜벅뚜벅! 지질트레일을 걸어 봐요!
94	지질명소와 함께 보면 더 좋은 곳	108	지질명소와 함께 보면 더 좋은 곳
95	흥미진진! 오감으로 즐겨 봐요!	109	흥미진진! 오감으로 즐겨 봐요!

110	**강원고생대 국가지질공원**	124	**경북 동해안 국가지질공원**
114	지질명소를 찾아가요!	128	지질명소를 찾아가요!
116	두근두근! 지질명소를 알아봐요!	130	두근두근! 지질명소를 알아봐요!
120	뚜벅뚜벅! 지질트레일을 걸어 봐요!	134	뚜벅뚜벅! 지질트레일을 걸어 봐요!
122	지질명소와 함께 보면 더 좋은 곳	136	지질명소와 함께 보면 더 좋은 곳
123	흥미진진! 오감으로 즐겨 봐요!	137	흥미진진! 오감으로 즐겨 봐요!

138	**전북 서해안권 국가지질공원**	152	교과연계
142	지질명소를 찾아가요!	158	용어설명
144	두근두근! 지질명소를 알아봐요!
148	뚜벅뚜벅! 지질트레일을 걸어 봐요!
150	지질명소와 함께 보면 더 좋은 곳
151	흥미진진! 오감으로 즐겨 봐요!

이 책을 보는 법

지질명소를 지도에서 찾아보세요.
주요 명소의 연락처와 관람 시간, 홈페이지 등의 정보를 확인할 수 있어요.

지질명소의 대표적인 사진과 설명을 담았어요.
방문 전에 꼭! 읽어보세요.

지질공원을 중심으로 만들어진 걷기코스예요.
거리와 시간, 간략한 지도와 사진이 수록되어 있습니다.

지역의 볼거리와 체험할거리를 소개합니다.
가족과 함께하는 여행에 참고하면 좋아요.

전국 지질공원 지도

국가지질공원이란, 지구과학적으로 중요하고 경관이 뛰어난 지역으로, 국가가 인증한 공원을 말한다. 지질공원의 핵심은 단순히 지질만을 다루는 것이 아니라 사람 중심의 활동이라 할 수 있다. 국가지질공원은 지질유산을 보전하고, 교육과 관광에도 활용하여 지역의 경제적 이익과 지속가능한 발전을 추구한다.

푸른 동해 한가운데 반짝이는
두 개의 보석,
울릉도·독도 국가지질공원

면적
127.9km²
(육상 72.8km², 해상 55.1km²)

대상지역
울릉군 전체

지정
2012년 12월 27일 국가지질공원 인증

지질명소
23개소

동해의 신비를 간직한
울릉도와 독도를 만나 봐요

● 파란 하늘과 검푸른 바다, 짙푸른 산이 환상의 빛깔로 어우러지는 울릉도와 독도는 일렁이는 동해 한가운데 고고하고도 웅장하게 솟아 있다. 하늘에서 내려다본 울릉도는 불규칙한 오각형 모양이며 나리분지 외에는 평지가 거의 없고 가파른 절벽을 이루고 있다.

울릉도는 신생대 제4기의 화산활동으로 바다에서 솟아오른 화산섬이다. 울릉도의 화산활동은 크게 5단계로 나누어진다. 현무암질 집괴암과 응회암을 분출시킨 1단계, 조면암질 및 조면안산암질 집괴암과 화산역질 응회암을 분출한 2단계, 울릉도 북부에 조면암류와 응회암류를 분출시킨 3단계, 나리분지를 중심으로 조면암 및 포놀라이트질 용암을 분출하여 울릉도의 골격을 이룬 4단계, 강력한 폭발로 부석·화산력·화산재 같은 화산 쇄설물을 분출하고, 칼데라형 나리분지의 퇴적층과 알봉을 형성한 5단계를 거쳐 지금의 울릉도가 만들어졌다.

울릉도는 산의 모양이 성스럽다 하여 이름 붙여진 성인봉(聖人峰, 해발 986.7m)을 중심으로 미륵산, 형제봉, 나리봉, 말잔등 등이 평평한 나리분지를 둥글게 에워싸고 있다. 또한 한번도 육지와 연결된 적이 없어 울릉도의 특산식물로 독립되어 진화한 섬개야광나무, 섬나무딸기, 섬노루귀, 섬백리향, 섬시호, 섬쑥부쟁이 같은 식물들이 울창한 원시림을 이루고 있다.

기원 전후에 처음 살았을 것으로 추정되는 사람들은 지석묘 덮개돌과 고인돌, 무문토기로 추정되는 토기편을 남겼다. 이후 고대 해상왕국 우산국이 들어서면서 삼국사기부터 조선시대 기록에 우릉도, 무릉도 같은 다양한 이름을 남긴 것은 우산국의 영향으로 추정된다.

한편, 독도는 신생대 신제3기에 해저 약 2,000m에서 솟은 용암이 굳으면서 만들어졌다. 탄생 시기를 보면 독도는 울릉도보다 약 200만 년, 제주도보다는 약 340만 년 앞서 생성되었다. 옛 사람들은 독도를 삼봉도, 가지도, 우산도라고도 불렀는데, 울릉도 사람들이 돌섬을 의미하는 독섬으로 부르다가 이 지명을 한자로 표기하면서 독도가 되었다고 한다. 이제는 멸종되어 사라진 강치가 독도 인근 바다에 살았다고 하며, 신라 지증왕 13년(512년)에 우산국을 복속시킨 이후 우리나라 사람이 사는 분명한 우리 땅이다.

지질명소를 찾아가요!

❶ 봉래폭포
경상북도 울릉군 울릉읍 도동리
탐방안내 054-790-6422(봉래폭포 관리소)
관람요금 유료

❷ ❸ 도동 및 저동 해안산책로
경상북도 울릉군 울릉읍 도동리(도동항),
울릉읍 저동1, 2리(저동항)
탐방안내 054-790-6454(도동관광안내소)

❹ 거북바위 및 향나무 자생지
경상북도 울릉군 서면 남양리 산18-1 / 산70-1
탐방안내 054-790-6454(도동관광안내소)

❺ 송곳봉
경상북도 울릉군 북면 현포리 산2, 산21-1
탐방안내 054-790-6454(도동관광안내소)

❻ 코끼리바위
경상북도 울릉군 북면 현포리 산113
탐방안내 054-790-6454(도동관광안내소)

❼ 성인봉 원시림
경상북도 울릉군 북면 나리 산44-1
탐방안내 054-790-6454(도동관광안내소)

관람시간과 관람요금 등은 현지 사정에 따라 변경될 수 있다. 더 많은 것이 궁금하다면 울릉도·독도 국가지질공원 홈페이지 (http://geopark.ulleung.go.kr) 참고.

❽ 삼선암
경상북도 울릉군 북면 천부리 산4-1
탐방안내 054-790-6454(도동관광안내소)

❾ 관음도
경상북도 울릉군 북면 천부리 산1
탐방안내 054-791-6022(관음도관리사무소)
관람시간 4~10월 8~19시
  11~3월 9~17시(강풍이 불면 출입통제)
관람요금 유료

❿ ⓫ 독도(천장굴, 독립문바위)
경상북도 울릉군 울릉읍 독도리
탐방안내 054-790-6641(독도관리사무소)
관람시간 9~18시
  (예약과 운항 일정은 선박 회사에 확인 필요. 유료)

⓬ 국수바위
⓭ 버섯바위
⓮ 학포해안
⓯ 황토굴
⓰ 태하 해안산책로 및 대풍감
⓱ 노인봉
⓲ 용출소
⓳ 알봉
⓴ 죽암 몽돌해안
㉑ 죽도
㉒ 삼형제굴바위
㉓ 숫돌바위

두근두근! 지질명소를 알아봐요!

울릉도는 유인도 3개와 무인도 40개, 총 43개의 섬으로 이루어져 있고, 독도는 동도와 서도, 부속도서 89개로 이루어져 있다. 울릉도·독도는 오랜 세월 동안 동해의 거친 파도와 세찬 바람으로 아름다운 지질명소를 빚었는데, 지질명소 23곳 중 대표적인 11곳을 만나 보자.

도동 및 저동 해안산책로 울릉도에 닿으면 가장 먼저 반기는 곳이 도동항과 저동항이다. 어촌마을을 벗삼아 한적하게 걸을 수 있는 곳이 도동과 저동으로 이어지는 해안산책로다. 짙푸른 동해를 바라보면서 거대한 해안 절벽과 독특한 자연동굴을 관찰할 수 있다. 산책로는 도동선착장에서부터 행남등대 부근 오솔길을 거쳐 저동항 해안까지 이어진다. 제1코스는 도동 입구에서부터 행남등대 부근 오솔길까지 걸으면서 독특한 울릉도의 지질을 한꺼번에 만날 수 있으며, 제2코스는 소나무와 갈대숲이 우거져 있는 행남등대 부근의 오솔길을 걸으면서 생태학습을 할 수 있다. 제3코스는 회전계단을 뱅글뱅글 올라 등대길 입구 절벽을 지나 저동까지이며, 코스별로 볼거리가 다양하다.

울릉도는 초기 화산활동 때 만들어진 화산암이 잘 보존되어 있는데, 이 산책로를 따라 걷다 보면 현무암질 용암류와 재퇴적쇄설암, 이그님브라이트, 조면암 같은 다양한 화산암들을 직접 만져 보면서 관찰할 수 있다.

거북바위 및 향나무 자생지 울릉도 남쪽의 통구미마을 앞 바닷가에 서 있는 거북바위(35m)는 보는 방향에 따라 바위 위로 올라가는 거북이와 내려가는 거북이가 6~9마리 모여 있는 것처럼 보인다. 거북바위의 동편(좌)은 비교적 평탄하고 서편(우)은 울퉁불퉁한데, 이것은 좌우의 암질이 서로 다르기 때문이다. 동편에는 침식에 강한 포놀라이트 관입암이 있고, 서편에는 침식에 약한 집괴암과 현무암이 분포하고 있다.

거북바위가 서 있는 통구미마을은 바다를 향해 툭 튀어나와 있는 헤드랜드(Headland, 곶)인데, 바다로 돌출된 단단한 바위가 파도의 침식에도 사라지지 않고 남아 있다. 강한 파도의 힘을 받아 경사가 급한 해식애(파도의 침식과 풍화작용에 의해 생긴 해안 낭떠러지)가 발달했고, 이 해식애 정상에 향나무 자생지(천연기념물 제48호)가 있다. 거북바위 오른쪽 산기슭에 있는 이 향나무 자생지는 오랜 기간 다른 집단과 격리되어 유전적으로 진화 가능성이 있는 향나무와 향나무 원종이 자생하고 있어 학술적 가치가 높다.

봉래폭포　울창한 원시림 사이로 쏟아지는 봉래폭포는 울릉도에서 가장 웅장한 폭포이다. 해발 400m 저동천 상류에서 시작한 폭포수의 길이는 약 30m이며 3단 구조다. 예전에는 이 봉래폭포가 있는 곳을 '굴등'이라고 불렀는데, 봉래폭포 꼭대기에 있는 굴속에 절이 있었다고 한다. 이 폭포는 울릉도 북서쪽에 있는 칼데라형 나리분지 주위에 모인 비와 눈이 땅속으로 스며들었다가 지하에서 피압수가 되어 지표로 솟아 폭포를 이루고, 이후 저동천을 지나 저동항으로 흘러간다.

폭포를 이루는 지질을 위쪽에서부터 보면 조면암과 응회암이 1단을, 집괴암이 2단과 3단을 이루고 있다. 세월이 흐르면서 아래쪽에 있는 응회암과 집괴암이 점점 침식되면서 위쪽에 있는 조면암이 무너지며 폭포는 점차 뒤로 물러났다. 하루 유량이 약 3,000톤이나 되며, 일 년 내내 청아한 물소리와 함께 폭포의 장관을 볼 수 있다.

이 지표로 분출되는 통로)를 통해 솟구친 후, 점성이 높아 쉽게 흐르지 못하고 제자리에서 식으면서 만들어졌다.

송곳봉을 감싸던 집괴암과 용암돔의 상부가 오랜 세월 침식을 받으면서 사라지자, 지금처럼 경사가 가파르고 뾰족한 모양이 되었다. 송곳봉은 수평과 수직절리, 구멍바위, 불규칙절리 등 독특한 지질구조를 가지고 있어 보전 가치가 매우 높고, 학술적, 교육적 가치도 높다. 송곳봉 중간부에는 차별 침식으로 생긴 구멍 8개가 있는데, 옥황상제가 죄를 짓지 않은 사람을 하늘로 올리기 위해 뚫어 놓았다는 전설이 있다.

코끼리바위　물속에 코를 담그고 있는 코끼리를 닮았다고 하여 이름 붙여진 코끼리바위(높이 59m, 길이 약 80m)는 현포항구에서 약 500m 떨어진 바다 한가운데에 서 있는 바위섬이다. 바위 표면에는 코끼리 피부의 주름 같기도 하고 장작을 차곡차곡 쌓은 것 같은 주상절리가 발달했다. 코끼리바위는 울릉도와 연결되어 있었으나 파도의 작용으로 바위의 단단한 부분만 남고 약한 부분은 점점 깎이면서 지금처럼 바다 한가운데 솟아오른 형태인 시스택(sea stack)이 되었다.

코끼리바위는 코 부분에 높이 약 10m의 구멍이 뚫린 아치형 해식동굴이 있는데, 이렇게 바위 가운데가 차별 침식을 받아서 구멍이 뚫리면서 만

송곳봉　울릉도 북부 해안도로를 달리다 보면 가장 눈에 띄는 뾰족한 송곳봉(해발 430m)이 나타난다. 마치 송곳을 세워 놓은 것 같다고 해서 이름 붙여졌는데, 한자로는 추산(錐山)이라고 한다. 조면암으로 구성된 크고 웅장한 송곳봉은 전형적인 용암돔(여러 번의 용암 유출로 형성된 돔 모양의 산)의 형태를 보이는데, 조면암질 마그마가 화도(화산물질

들어진 동굴을 시아치(sea arch)라고 한다. 이 동굴로 작은 배가 드나들 수 있으며, 이 구멍 때문에 예전에는 공암이라고 불렸다.

성인봉 원시림 울릉도의 진산인 성인봉(986.7m)을 중심으로 인간의 간섭 없이 자연스럽게 형성된 숲인데, 울릉도에서만 자생하는 희귀식물이 빼곡하게 자라 천연기념물(제189호)로 지정하여 보호하고 있다. 단단한 화산암의 울릉도는 식물이 생장하기에 척박한 환경인데, 약 5,000년 전 울릉도의 마지막 화산폭발 때 생긴 부석이 섬 전체를 뒤덮었고, 그 후 오랜 세월 동안 부석이 풍화와 침식을 받아 잘게 부서지면서 식물이 자라기에 좋은 비옥한 토양을 만들었다. 섬기린초, 섬노루귀, 울릉국화 같은 750종이나 되는 울릉도만의 독특한 자생식물로 섬 전체가 자연생태박물관이 되었다.

성인봉 원시림이 자라는 기반은 성인봉 아래 나리분지(해발 약 500m, 동서 약 1.5km, 남북 약 2km)로, 울릉도에서 보기 드문 평지다. 땅속의 마그마가 수축하면서 화산의 중앙부가 원형으로 무너지고 칼데라형 나리분지가 만들어졌다. 그 후 이곳에 물이 고여 호수가 되었고, 이 호수가 인근의 퇴적물로 채워지고 물이 빠지면서 지금과 같은 평평한 지형이 만들어졌다.

나리분지에는 신라시대 우산국 때부터 사람이 살았는데, 조선시대에 쇄환정책(사람이 살지 못하게 섬을 비우는 정책)으로 수백 년간 사람이 살지 않았다. 그 후 19세기 말 고종이 개척령을 내리면서 이주한 개척민들이 이곳에 들어와 살기 시작했다. 나리분지는 섬 개척 당시 나리꽃(섬말나리)이 많이 자생하여 개척민들이 이 뿌리를 캐먹고 연명했다고 해서 나리라는 지명이 생겼다.

삼선암 삼선암은 보는 위치와 방향에 따라 전체가 다 보이기도 하고, 어느 하나는 숨어서 보이지 않기도 한다. 조면암으로 이루어진 삼선암은 본섬의 일부였지만 수직절리를 따라 상대적으로 약한 부위가 파도에 깎이는 차별 침식을 받았고, 단단한 부분만 남아 시스택 지형을 이루었다.

전설에 따르면 울릉도의 풍경에 반한 세 선녀가 이곳에서 자주 목욕을 하고 하늘로 올라가곤 했는데, 어느 날 하늘로 돌아갈 시간을 놓쳐 옥황상제의 노여움을 사서 바위로 변했다고 한다.

관음도 저동항에서 북동쪽으로 5km 떨어진 바다에 솟아 있는 관음도(높이 106m, 둘레 약 800m)는 울릉도의 부속섬으로 사람이 살지 않는 무인도다. 여러 번의 용암분출로 형성된 관음도는 본래 울릉도와 붙어 있었는데 오랜 세월동안 차별 침식으로 깎이면서 분리되었다.

울릉도 개척 시절에 경주에 사는 월성 김 씨가 배를 타고 고기를 잡다가 풍랑을 만나 관음도에 도착했는데, 추위와 배고픔을 이겨내려고 불을 피웠더니 수많은 깍새(슴새)가 날아왔고 이 깍새를 잡아먹었다고 한다. 그 후 깍새섬이라고도 불렸다. 관음도의 북동쪽 절벽에는 관음쌍굴이라는 해식동굴(높이 14m) 2개가 있다. 예전에 해적들이 이 굴에 배를 감추고 숨었다가 배들을 약탈했고, 동굴의 천장에서 떨어지는 물을 받아먹으면 장수한다는 전설이 있다. 거친 현무암이 둘러싸고 있어 사람의 접근이 어렵고, 덕분에 원시림 그대로의 모습을 간직하고 있다. 2012년 울릉도 본섬을 다리(보행연도교)와 엘리베이터로 연결해서 탐방로를 따라 걸을 수 있다(40분 소요).

해 있다. 해안침식이 계속되면서 바다 쪽으로 툭 튀어나온 부분(곶)이 깎여 나가 해식동굴이 만들어졌는데, 이 해식동굴이 계속 깎여 양쪽으로 연결되면서 윗부분은 자연스럽게 멋진 아치형 다리(시아치)가 되었다.

천장굴(독도) 동도의 동쪽 끝부분에는 천장이 뚫려 있는 컵 모양(깊이 100m)의 함몰지가 있는데, 이 함몰지에 바닷물이 드나드는 천장굴 2개가 호수를 이루고 있다. 예전에는 이곳이 분화구라고 알려졌지만, 최근 연구에서는 단층작용으로 함몰된 지형이 풍화와 침식을 받아 만들어진 침식와지라고 해석하고 있다.

천장굴의 윗부분에는 수령 100년이 넘는 독도 자생 사철나무 군락지가 있어 천연기념물(제538호)로 지정됐다. 가파른 절벽으로 둘러싸여 사람의 발길이 닿기 힘든 척박한 곳에 사철나무 군락지가 있을 정도로 천장굴 안은 우리나라에서 보기 드문 자연생태계를 간직하고 있다.

독립문바위 (독도) 독도는 동도와 서도, 그리고 약 89개의 바위와 암초로 이루어져 있는데, 이 중 동도의 맨 끝에 자리 잡고 있는 독립문바위는 바위의 모양이 독립문을 닮아서 이름이 붙여졌다. 응회암으로 된 독립문바위는 수평층리가 잘 나타나고, 수평절리도 발달

뚜벅뚜벅! 지질트레일을 걸어 봐요!

구불구불 이어진 옛길을 따라 걸으면 지구 역사를 생생하게 느낄 수 있는 지질명소를 만날 수 있고, 울릉도의 바닷가와 골짜기에 옹기종기 자리 잡은 마을도 만날 수 있다. 또, 울릉도에서만 자라는 희귀식물과 탁 트인 바다까지 볼 수 있어 더욱 매력 넘친다.

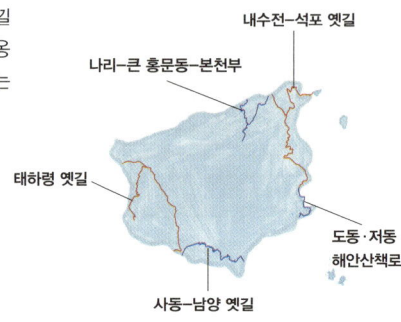

도동·저동 해안산책로

● 2.6km / 1시간 30분 소요

도동선착장에서부터 도동등대(행남등대)를 거쳐 저동항 해안까지 탁 트인 바다를 바라보면서 걸을 수 있는 산책로다. 이 길을 따라 걷다보면 울릉도 초기 화산활동의 특징을 관찰할 수 있는 해식동굴과 베개용암, 타포니, 재퇴적쇄설암, 이그님브라이트, 부정합 등 다양한 지질구조를 관찰할 수 있다. 뿐만 아니라 해국과 울릉장구채, 섬기린초, 섬괴불나무 등 울릉도 자생식물과 갈매기, 가마우지, 오리 등 바다새도 만날 수 있다. 우리나라에서 가장 오래된 향나무, 촛대암, 도동등대 등 볼거리도 다양하다.

①도동 해안산책로 … ②도동등대 … ③저동 해안산책로

도동 해안산책로

촛대암

저동 해안산책로

내수전-석포 옛길

● 7km(내수전-석포) / 2시간 30분 소요

그 옛날 폭풍우로 배가 뜨지 못할 때 북면 사람들이 저동항과 도동항으로 가기 위해 오르내렸던 산길이다. 울창한 숲과 바다를 함께 즐기면서 구불구불 걷는 이 길을 걸으면 내수전 일출 전망대에서 울릉도의 멋진 풍광을 한눈에 담고, 죽암 몽돌해변에서 파도소리에 심취할 수도 있다. 그밖에도 석포일출일몰 전망대와 안용복기념관 등 볼거리가 다양하다.

①저동 해안산책로 … ②내수전 전망대 … ③죽암 몽돌해변 … ④관음로

태하령 옛길

울릉도의 옛 마을 정취를 느낄 수 있고, 천연기념물 군락지를 만날 수 있는 코스로 태하동 솔송나무와 섬잣나무·너도밤나무 군락지, 남서동 고분군, 국수바위(비파산) 등의 볼거리가 있다.

나리-큰 홍문동-본천부

사람의 손이 많이 닿지 않아 식생경관이 뛰어난 탐방코스로 너와집과 투막집, 울릉국화와 섬백리향 군락 등의 볼거리가 있다.

사동-남양 옛길

웃통구미와 아랫통구미를 지나면서 울릉도 주민들의 생활상과 풍취를 느낄 수 있는 코스다.

내수전 전망대 가는길

태하령 해안산책로

나리분지

＊ 더 자세한 정보는 울릉군청 문화관광 홈페이지(http://www.ulleung.go.kr/tour '울릉도 생태길')에서 알 수 있다.

지질명소와 함께 보면 더 좋은 곳

아름다운 관광지로 유명한 울릉도와 독도는 우리나라 영토 가운데 가장 동쪽에 자리 잡고 있으며, 역사적 의미와 가치가 매우 높은 곳이다. 섬의 역사를 이해할 수 있는 박물관과 기념관에 들러 이 섬들을 지키기 위해 노력한 사람들의 생생한 이야기를 만나 보자.

독도박물관

독도의 역사와 문화 등에 대한 연구와 교육, 전시를 위해 1997년 개관했다. 대한민국 최초의 영토박물관인 독도박물관은 독도의 역사와 문화를 세계에 알리기 위해 상설전시를 통해 다양한 독도의 정보를 알려주고 있다. 제1전시실은 '독도천연보호구역'으로 지정된 독도의 아름다운 풍광을 담은 영상을 볼 수 있고, 제2전시실은 고대에서 현대까지 이어진 독도의 역사를, 제3전시실은 과거부터 지금까지 한국인의 생활터전인 독도의 모습, 독도리 이장 김성도 씨, 독도 치안을 담당하는 독도경비대의 모습 등을 볼 수 있다.

위치 경상북도 울릉군 울릉읍 약수터길 90-17
관람안내 054-791-6437 | **관람시간** 9~18시
홈페이지 www.dokdomuseum.go.kr(독도 박물관)

안용복기념관

조선시대 울릉도와 독도의 영유권을 지켜낸 안용복의 업적을 기념하기 위해 건립되었다. 안용복은 1693년의 강제 피랍과 1696년의 자발적 도일 과정에서 울릉도와 독도가 조선의 영토임을 강력히 주장했으며, 그의 활동은 조선이 울릉도와 독도에 대한 영유권을 확고히 하는 데 결정적인 계기가 되었다.
안용복기념관에는 울릉도, 독도가 우리 땅이라는 걸 증명하는 한국 및 일본의 자료를 전시하고 있으며, 안용복의 활약을 애니메이션으로 제작한 입체 영상도 상영하고 있다.

위치 경상북도 울릉군 북면 석포길 500
관람안내 054-791-8873 | **관람시간** 9~18시
홈페이지 www.dokdomuseum.go.kr

* 울릉도·독도 국가지질공원 http://geopark.ulleung.go.kr/
* 울릉군청 문화관광 http://www.ulleung.go.kr/tour

흥미진진! 오감으로 즐겨 봐요!

유람선 일주
배를 타고 섬을 한 바퀴 도는 해상 일주는 육로관광에서는 볼 수 없는 해안절경을 감상하고, 해안과 바다 한가운데 떠 있는 지질명소를 육지와 다른 각도에서 관찰할 수 있다.
확인할 것 날씨와 승객 수, 성수기에 따라 출항 여부가 달라진다.
운항안내 도동항에서 하루 2번 운항, 2시간 소요(054-791-2002) | **운항요금** 유료

자전거 트래킹
울릉도는 왕복 2차선 해안도로와 울창한 원시림, 옛길을 자전거로 시원하게 달릴 수 있다. 단, 울릉도에는 자전거 대여점과 수리점이 없어서 자전거와 수리장비는 직접 챙겨가야 한다.
코스
- 망망대해를 바라보며 시원하게 달릴 수 있는 도동-내수전 고개(6km)
- 원시림 속으로 들어가는 내수전-석포산길(4.4km)
- 삼림욕으로 자연과 하나되는 나리분지-신령수(2km)
- 오르락내리락 해안길 천부-도동(33km)

MTB코스 구간 거리표 울릉군청 홈페이지(http://www.ulleung.go.kr/tour/문화관광/레저&스포츠)에서 자세한 정보를 얻을 수 있다.

스킨스쿠버
깊고 푸른 바다 한가운데에 있는 울릉도는 다이버들에게 매우 매력적인 곳이다. 바닷물이 깨끗해서 연중 20~30m를 볼 수 있고, 계절에 따라 40~50m까지 볼 수도 있다. 그러나 조류가 강하고 섬에서 조금만 떨어져도 수심이 깊은 급경사가 나타나기 때문에 경험이 많은 현지 다이버의 도움을 받거나 사전에 충분한 훈련이 필요하다. 또한 어촌계에서 불법 수산물 채취를 금지하고 있다.
장비대여 울릉군청 홈페이지(http://www.ulleung.go.kr/tour/문화관광/레저&스포츠)에서 자세한 정보를 얻을 수 있다.

카약
모험심과 스릴이 넘치는 카약을 타고 울릉도의 풍경을 감상하는 색다른 체험이다. 짙푸른 바닷물을 가르며 해안의 절경과 원시림을 카약을 타고 천천히 느리게 감상할 수 있다. 울릉도는 한번 다녀간 카약 마니아들이 다시 오고 싶어 하는 섬이다.
카약 기초강습과 투어 유료(3시간) | **카약 대여** 시간별로 가격대가 다름

섬 전체가 화산박물관, 제주도만의 특별한 아름다움을 알아봐요

● 사계절 화려한 빛깔로 갈아입는 제주도는 섬 전체가 세계지질공원이자 화산박물관이라고 할 정도로 독특한 화산지형을 자랑한다. 섬 한가운데 우뚝 솟아오른 한라산(1,950m)과 크고 작은 오름 360여 개가 자리 잡고 있으며, 땅 아래에는 용암동굴 160여 개가 숨어 있는데, 작은 섬에 이렇게 많은 오름과 동굴이 함께 있는 경우는 세계에서도 매우 드물다.

제주 화산섬이 만들어지기 전 이 일대는 굳지 않은 점토와 모래층이 있던 얕은 바다였다. 약 180만 년 전 바다 지하에서 약한 지층을 뚫고 마그마가 상승하면서 물과 격렬하게 반응한 수성화산활동이 일어나 수많은 응회환(분화구 경사면이 완만한 형태)과 응회구(경사면이 급한 형태)들이 생겨났다. 이후 오랜 시간 이 화산체들이 파도에 깎이고 해양 퇴적물과 함께 섞이기를 반복하면서 서귀포층이 형성되었다. 이 서귀포층(100m)은 제주도 지하 전체에 분포하고 있는데, 그 일부가 천지연폭포 옆에 드러나 있다.

55만 년 이후에는 용암이 분출하면서 넓은 용암대지가 만들어졌으며, 용암이 겹겹이 쌓이면서 한라산을 중심으로 봉긋하게 솟아오른 방패 모양의 순상화산체가 형성되었다. 이후 약 18,000년 최종빙하기 이후부터 해안지역을 중심으로 수성화산활동이 일어나면서 성산일출봉과 송악산이 생겨났고, 약 1,000년 전 고려 문헌에 기록된 화산활동을 마지막으로 지금의 제주도 모양이 만들어졌다.

제주도는 2010년 우리나라에서 처음으로 세계지질공원으로 인증되었고, 2012년에는 우리나라의 국가지질공원으로 지정되었다. 그뿐 아니라 2002년 생물권보전지역, 2007년 세계자연유산으로도 지정되어 '유네스코 3관왕'이라는 놀라운 기록을 달성했다.

● 제주 사람들은 한라산과 오름을 보면서 신비한 옛이야기를 만들었다. 제주도를 지배하는 거대한 여신인 설문대할망은 한라산을 베개 삼아 누우면 다리가 제주해협에 있는 관탈섬에 걸쳐질 정도로 거대했다고 한다. 빨래를 하면 한라산을 엉덩이로 깔고 앉아 한쪽 다리는 관탈섬에, 다른 쪽 다리는 마라도에 디디고 우도를 빨래판으로 삼았다. 할망은 힘도 세서 삽으로 흙을 7번 퍼서 던졌더니 한라산이 되었고, 흙을 담아 옮길 때 치마폭에 생긴 구멍으로 흙이 조금씩 떨어져서 오름이 되었다. 성산일출봉을 오르는 길에 솟아 있는 바윗돌은 할망이 바느질할 때 접싯불을 켰던 등경돌이라고 한다. 이 밖에도 신들의 고향인 제주도에는 흥미로운 전설이 많이 전해진다.

지질명소를 찾아가요!

❶ 한라산
제주특별자치도 제주시 1100로 2070-61(해안동)
한라산국립공원관리소
탐방안내 064-713-9950~3
관람시간 계절별 통제시간이 있음
관람요금 무료(주차요금, 야영장 사용료 유료)
홈페이지 http://hallasan.go.kr

❷ 만장굴
제주특별자치도 제주시 구좌읍 만장굴길 182
탐방안내 064-710-7903
관람시간 9~18시
관람요금 유료

❸ 우도
제주특별자치도 제주시 우도면
탐방안내 064-782-5671
관람요금 및 여객요금 유료

❹ 성산일출봉
제주특별자치도 서귀포시 성산읍 일출로 284-12
탐방안내 064-783-0959
관람시간 일출 1시간 전에서 일몰시까지
관람요금 유료

❺ 천지연폭포
제주특별자치도 서귀포시 천지동 667-7
탐방안내 064-733-1528
관람시간 7~22시
관람요금 유료

❻ 서귀포패류화석층
제주특별자치도 서귀포시 천지동
탐방안내 064-760-2505

관람시간과 관람요금 등은 현지 사정에 따라 변경될 수 있다. 더 많은 것이 궁금하다면 제주도 국가지질공원 홈페이지(http://geoparkjeju.go.kr) 참고.

❼ 중문대포해안 주상절리대
제주특별자치도 서귀포시 중문동
탐방안내 064-739-0993
관람시간 8~18시
관람요금 유료

❽ 용머리해안
제주특별자치도 서귀포시 안덕면 사계리
탐방안내 064-792-3363
관람시간 9~18시
관람요금 유료

❾ 산방산
제주특별자치도 서귀포시 안덕면 사계리
탐방안내 064-792-3363
관람시간 9~18시
관람요금 유료

❿ 수월봉
제주특별자치도 제주시 한경면 고산리 3760-3
탐방안내 064-772-3334

⓫ 비양도 ⓬ 선흘곶자왈

- 지오인포 김녕어울림센터
  제주시 구좌읍 김녕리 1223-5 | 064-782-9801
- 지오인포 월정리 사무소
  제주시 구좌읍 월정리 산 569-1 | 064-783-5798
- 성산리 지오인포
  서귀포시 성산읍 성산중앙로 46(성산리사무소 앞)
- 오조리 지오인포
  서귀포시 성산읍 오조로 85(오조리사무소 앞)
- 사계리 지오인포
  서귀포시 안덕면 사계남로 202
  (지오액티비티 자전거 지질트레킹 체험장 앞)
- 화순리 지오인포
  서귀포시 안덕면 화순중앙로 65(화순리사무소 앞)

두근두근! 지질명소를 알아봐요!

잘 보전된 난대림과 오름, 독특한 민속문화, 제주의 마을 등 제주도를 즐기는 방법은 무궁무진하다. 이 중 지질명소를 찾아가는 여행은 제주도 탄생의 비밀을 풀어 보는 매우 뜻깊은 시간이 될 것이다. 섬 곳곳에 자리 잡고 있는 12개 지질명소 중 대표적인 10곳을 만나 보자.

한라산

남한 최고봉(1950m)을 자랑하는 한라산은 제주도 순상화산의 중심 봉우리다. '은하수를 끌어당길 수 있는 높은 산'이라는 뜻의 한라산은 한반도와 주변 해역에서 일어난 신생대 제4기 화산활동으로 솟아오른 수많은 현무암질-조면암질 용암과 여러 화산체로 이루어졌다. 정상에는 화산 폭발로 만들어진 산정화구호인 백록담이 있는데, 신선이 하늘에서 흰 사슴을 타고 내려와 물을 마셨다는 전설이 있다. 또, 중국 진시황이 불로초를 구하기 위해 동남동녀 500쌍과 함께 서불을 한라산에 보냈는데, 서불이 불로초라고 가져간 것이 백록담 주변에서 자라는 시로미 열매라고 한다. 제주도를 지배하는 1만 8,000여 신들이 탄생한 곳 역시 한라산이다. 제주도에 흐르는 물은 모두 한라산에서 출발해서 중산간 마을을 지나 바다로 흐른다. 또, 풍화와 침식의 영향을 거의 받지 않은 원시 지형으로 1966년 천연기념물(제182호)로, 1970년 국립공원으로 지정되었다.

만장굴

분화구에서 분출한 뜨거운 용암이 지표면 경사를 따라 흘러내리면서 공기와 닿은 부분은 굳으면서 지붕이 되고, 내부의 용암줄기는 낮은 곳으로 계속 흘러 빠져나가면 그 자리에 빈 공간의 길이 생기면서 용암동굴이 탄생한다.

거문오름(해발 454m)에서 분출한 거대한 현무암질 용암이 지표를 따라 13km 떨어진 해안까지 길게 흘러가면서 만장굴과 김녕굴, 용천동굴, 당처물동굴 등 용암동굴 무리를 형성하고 있는데, 이를 거문오름용암동굴계라고 한다. 이 용암동굴계의 으뜸인 만장굴은 길이가 7.4km이고, 주 통로의 폭은 18m, 높이는 23m나 되는 거대한 규모이다. 용암종유, 용암석순, 용암선반, 용암발가락, 용암산호, 밧줄구조, 용암 두루마리 등 용암동굴이 가진 다양한 지형과 구조, 동굴생성물 보존 등으로 학술적 가치가 매우 높고, 세계에서 가장 큰 규모인 7.6m 용암석주도 있다. 현재 만장굴은 7.4km의 일부인 1km 구간만 걸으며 관찰할 수 있다.

우도

소가 드러누웠거나 머리를 내민 모습을 닮은 우도는 성산일출봉에서 북동쪽으로 약 3km 떨어진 바다 한가운데 솟아 있다. 섬 중앙에는 화산재로 이루어진 우도봉이 있고 마을이 형성된 북서쪽에는 넓은 용암대지가 발달했다. 우도는 형성 초기에 물이 풍부한 환경에서 강력한 수성화산이 분출하여 섬 중앙에 응회구(소머리오름)를 만들고, 물이 점점 감소하면서 폭발력도 줄어들어 분석(스코리아)과 용암만 분출하는 스트롬볼리형 분출이 이어진 후 용암대지가 만들어졌다.

우도 해안에는 하고수동 해빈과 검멀레 해빈 등이 있는데, 이 중 홍조류가 구르면서 둥글게 성장하여 만들어진 홍조단괴 백사장은 독특한 특징과 가치 때문에 국가지정문화재로 지정되었다.

러서 있는 아흔아홉 봉이 있다. 분화구 안에는 참억새와 해송, 왕모시풀 같은 다양한 식물이 자라고, 수직으로 깎아내린 암벽지대에는 풍란과 부처손, 돌토끼고사리, 해녀콩, 갯금불초 같은 특별한 식물들이 자라고 있다. 바닷속에는 산호 군락이 잘 발달하여 황홀한 수중 풍경을 이루고, 겨울에도 수온이 비교적 따뜻하여 다양한 물고기의 산란장이자 월동장이 되고 있다.

고려시대 진도에서 전쟁을 벌였다가 패전한 김통정은 삼별초 잔여군병과 군선 500여 척으로 진도를 탈출한 뒤 제주도로 들어와 성산일출봉에 수산성을 구축했고, 조선시대에는 이곳에 봉수를 설치하고 성을 구축하여 군대가 주둔하는 전략기지로 쓰였다.

성산일출봉

약 5,000년 전 제주도의 동쪽 얕은 바다에서 솟구친 뜨거운 마그마가 차가운 물과 만나 격렬하게 반응하면서 거대한 화산재가 분출하여 성산일출봉(높이 180m)을 만들었다. 성산일출봉은 크게 세 단계에 걸쳐 분출이 일어나 지금의 모습이 만들어졌는데, 분화구의 지름이 600m이고, 넓이는 13만m^2, 화구 바닥의 깊이는 90m나 된다.

처음에 성산일출봉은 제주도와 떨어져 있었는데, 파도의 작용으로 침식된 퇴적물이 해안으로 밀려 들어와 쌓이면서 지금처럼 이어지게 되었다. 분화구 주변에는 날카로운 기암들이 왕관 모양으로 둘

천지연폭포

기암절벽 위에서 우뢰와 같은 소리를 내며 쏟아지는 하얀 물기둥이 땅과 만나 '하늘과 땅이 만나는 연못'이라는 뜻으로 천지연폭포라고 이름 지었다. 제주도의 가장 대표적인 폭포인 천지연폭포는 높이 22m, 폭 12m로 폭포 아래는 수심이 20m나 되는 깊은 웅덩이가 있다. 폭포의 하부에는 화산물질과 해양 퇴적물로 구성된 서귀포층이 분포하고, 상부에는 약 40만 년 전에 분출한 용암이 분포하고 있다.

이 폭포에는 민물에서 5~8년간 살다가 깊은 바다로 내려가 알을 낳는 희귀종 물고기인 무태장어가

발견되고, 천지연 계곡 서쪽에는 따뜻한 난대림 지대에서 자라는 담팔수나무 자생지가 있다. 이곳은 담팔수나무가 자랄 수 있는 북방한계지역으로 식물분포학상 연구 가치가 높아 천연기념물(제163호)로 지정되었다. 또, 구실잣밤나무, 송엽란, 산유자나무 등 희귀식물도 자라고 있다.

서귀포 패류화석층 약 180만 년 전 제주도가 만들어지기 시작할 무렵, 바닷속에서 폭발한 수성화산활동으로 생긴 화산체가 오랜 시간 동안 파도에 깎이고, 조개껍데기 같은 해양 퇴적물과 함께 쌓이기를 반복하면서 만들어진 약 100m 두께의 퇴적암층이다. 이후 용암이 그 위를 덮으면서 제주도 지하에는 이런 층이 넓게 깔렸는데, 천지연폭포 입구 서쪽 해안가 절벽을 따라 약 1.5km가량에는 지층 일부가 솟아올라 땅 위에서도 관찰할 수가 있다.
서귀포층은 과거 제주도 주변의 바다 환경, 즉 다양한 해양생물 화석과 퇴적물이 어떻게 쌓이게 되었는가를 알려주는 귀중한 자료가 되고 있으며, 이곳에서 다양한 종류의 화석이 발견되어 천연기념물(제195호)로 지정되었다.

중문대포해안 주상절리대 주상절리대는 서귀포시 중문동에서 대포동으로 이어지는 해안을 따라 약 2km에 걸쳐 형성되어 있다. 뜨거운 용암이 식으면서 부피가 줄어들고 수직으로 쪼개지면서 오각형, 육각형 모양으로 기둥 형태의 주상절리를 만들었는데, 최대 높이가 25m나 된다.
중문의 옛 이름인 지삿개를 따서 '지삿개 주상절리'라고도 하는데, 천연기념물(제443호)로 지정하여 관리하고 있다. 제주도에는 이곳 외에도 천제연폭포, 안덕계곡, 중문 예래동 해안가, 산방산 등에서도 주상절리를 관찰할 수 있다.

용머리해안 바다를 향해 뛰어드는 용의 머리처럼 보인다고 이름 붙여진 용머리해안은 산방산 아래쪽 바닷가에 자리 잡고 있다. 땅속에서 올라오던 마그마가 물을 만나 격렬하게 반응하면서 분출된 화산재로 만들어진 화산체인데, 화산 분출 도중에 연약한 지반이 무너지면서 화구가 막히자 마그마가 다른 곳으로 이동하여 분출해서 화산재가 각각 다른

방향으로 흘러가는 독특한 지형을 만들었다.
옛날 중국의 황제가 풍수에 능한 호종단을 제주도로 보내 제왕이 태어날 기운을 가진 지형의 지세를 흩어 놓으라고 명했다. 용머리해안에 도착한 호종단은 꿈틀대는 용머리 형세를 보자 용의 꼬리와 잔등을 끊어버렸다. 그러자 붉은 피가 흘러나오며 산방산이 3일 동안 소리 내어 울었다고 한다. 주변 해안은 검은데 유독 용머리 주변이 붉은색을 띠는 것은 바로 용의 붉은 피가 스며든 것이라고 한다.

산방산   제주도 남서쪽 바닷가에 우뚝 솟아오른 산방산은 약 80만 년 전 점성이 높은 용암이 멀리 흘러가지 못하고 주변에 쌓이면서 봉긋한 종 모양의 조면암질 용암돔(해발 395m)을 만들었다. 이 용암돔은 세월이 흐르면서 다양한 모양으로 변했는데, 사방에 주상절리를 이루고 바닷바람과 파도에 실려 온 소금기로 암석의 약한 부분이 떨어져 나가기도 했다. 벌레가 파먹은 것처럼 구멍이 송송 뚫려 있는 이 풍화혈 구조는 산방산 남쪽 절벽에 많이 형성되어 있다.

설문대할망의 오백장군 아들 중 큰아들이 사냥을 갔다가 화살을 쏘았는데, 그 화살이 옥황상제의 옆구리를 건드리게 되었다. 화가 난 옥황상제는 한라산 정상의 바위를 뽑아 힘껏 던졌는데, 이것은 산방산이, 바위가 뽑힌 자리는 백록담이 되었다는 전설이 있다. 백록담과 산방산은 둘레가 비슷하고 암석의 종류도 비슷하지만 산방산이 백록담보다 훨씬 이전에 형성되었다.

수월봉   수월봉(높이 77m)은 약 18,000년 전 지하에서 솟아오른 마그마가 물을 만나 강렬하게 폭발하면서 솟구친 화산재가 쌓여 만들어졌다. 수월봉을 이루는 암석은 전 세계 응회환의 분출과 퇴적과정을 이해하는 데 매우 중요한 가치가 있다.

이곳 수월봉에는 아픈 어머니를 위해 백 가지 약초를 구하려는 수월과 녹고 남매의 슬픈 전설이 전해진다. 100번째 약초인 오갈피를 캐다가 수월이 절벽에서 떨어져 죽자, 남동생인 녹고의 눈물이 끝없이 샘솟아 흘렀다고 해서 이 동산을 '녹고물오름'이라 불렀다. 수월봉은 지질공원으로 지정되며 알려지게 되었는데, 과거 한적했던 어촌 마을이 지금은 탐방객이 붐비는 지질명소가 되었다.

뚜벅뚜벅! 지질트레일을 걸어 봐요!

지질트레일은 세계적으로 가치를 인정받은 유네스코 세계지질공원 브랜드를 활용하여, 지역마다 독특한 지질자원을 관찰하고 더불어 마을의 역사·문화·신화·생활 등 다양한 이야기도 만날 수 있도록 개발한 도보길이다. 제주도에는 모두 4곳이 있는데, 그중 두 곳을 소개한다. 미리 신청하면 마을 주민이 직접 설명하는 생생한 해설을 들을 수 있다.

성산·오조 지질트레일

산방산·용머리해안 지질트레일

성산·오조 지질트레일

● 7.1km / 3시간 소요 / 성산일출봉을 오르면 1.2km 추가 / 3시간 30~40분 소요

제주도에서 가장 먼저 해가 뜨는 성산일출봉을 품고 있는 성산리와, 성산 앞바다에 떠오른 햇살이 가장 먼저 와 닿는 오조리를 함께 볼 수 있는 길이다. 갈매기와 오리, 백로 같은 철새들이 찾아드는 철새도래지를 지나 제주도에서 신문물이 가장 먼저 보급되는 관문인 성산항을 만날 수 있고, 바다 건너 우도도 볼 수 있는 등 다양한 역사와 문화의 볼거리가 있다.

① 오조리 주차장 ⋯ ② 식산봉 ⋯ ③ 용천수 '족지물' ⋯ ④ 튜물러스 밭담 해설포인트 ⋯ ⑤ 철새도래지 해설포인트 ⋯ ⑥ 터진목, 4·3유적지 ⋯ ⑦ 일제 동굴진지 유적지 ⋯ ⑧ 성산일출봉·오정개 ⋯ ⑨ 시인 이생진 시비 거리 ⋯ ⑩ 성산항·우도 해설포인트 ⋯ ① 오조리 주차장

오조리 해안

철새 도래지

성산일출봉

산방산·용머리해안 지질트레일

- A코스 : 13.2km / 3시간 30분 내외 소요
- B코스 : 10km / 3시간 내외 소요

80만 년 지구의 시간을 품고 있는 용머리해안과 돔 모양으로 볼록 솟은 산방산을 함께 만날 수 있는 길이다. 한국의 아름다운 길 100선에 속하는 형제해안로를 지나 해안사구와 하모리층, 사람발자국 화석, 불미마당 등 빼어난 풍경과 독특한 문화를 두루 만날 수 있다. 이 지질트레일은 A코스와 B코스가 있는데 둘 중 어느 곳을 먼저 갈까 즐거운 고민에 빠지게 만든다.

A코스

| A코스 | ①용머리해안 주차장 ⋯ ②사계포구 ⋯ ③형제해안로 전망대 ⋯ ④해안사구와 하모리층 ⋯ ⑤사람발자국 화석 ⋯ ⑥대정향교·단산 ⋯ ⑦코스분기점 ⋯ ⑧산방산 탄산온천 ⋯ ⑨불미마당 ⋯ ⑩베리돌아진밧 ⋯ ⑪조면암 돌담 ⋯ ⑫산방산 주차장 ⋯ ⑬산방연대 ⋯ ①용머리해안 주차장 |

B코스

| B코스 | ①화순금모래해변 ⋯ ②화순리선사유적지 ⋯ ③황개천·명알목소 ⋯ ④개끄리민소 ⋯ ⑤곤물·곤물동 ⋯ ⑥화순곶자왈 ⋯ ⑦홈밭동산 전망대 ⋯ ⑧주슴길 ⋯ ⑨사근다리동산 ⋯ ①화순금모래해변 |

대정향교

산방산 사계해안

화순곶자왈

---

* 이 밖에도 김녕·월정 지질트레일, 수월봉 지질트레일이 있다.
* 더 자세한 정보는 유네스코 세계지질공원 핵심마을 활성화 사업 홈페이지(http://jejugeopark.com/GEO체험거리/지질트레일)에서 얻을 수 있다.

지질명소와 함께 보면 더 좋은 곳

세계지질공원, 생물권보전지역, 세계자연유산으로 '유네스코 3관왕'을 달성한 제주도는 지질공원 외에도 다양한 볼거리가 있다. 생명들이 깃들어 사는 곶자왈과 습지가 잘 보전되어 있어 람사르마을로 지정된 선흘1리와 동백동산도 제주 여행에서 빼놓을 수 없다.

거문오름

뱅뒤굴과 만장굴, 김녕굴, 용천동굴, 당처물동굴로 이어진 용암동굴계를 만든 거문오름은 유네스코 세계자연유산이다. 분화구에 깊게 패인 화구가 있고 그 안에 작은 봉우리가 솟아 있으며, 북동쪽 산사면이 터진 독특한 말굽 모양이다. 탐방을 하려면 미리 예약해야 가능하다.

위치 제주특별자치도 제주시 조천읍 선흘리와 구좌읍 덕천리 일대
관람안내 1800-2002 | **홈페이지** http://wnhcenter.jeju.go.kr

제주세계자연유산센터

제주의 탄생과정, 용암동굴, 거문오름, 한라산의 식생, 제주 해양생태계 등 제주도가 품고 있는 가치를 한눈에 볼 수 있다. 상설전시실과 4D영상관, 기획전시실, 세미나실이 있다.

위치 제주특별자치도 제주시 조천읍 선교로 569-36
관람안내 1800-2002 | **홈페이지** http://wnhcenter.jeju.go.kr

선흘1리 람사르마을과 동백동산 습지센터

제주시 조천읍 선흘1리는 화산섬 제주도가 고이 숨겨둔 습지 곶자왈 동백동산이 있는 람사르마을이다. 동백나무가 많아 이름이 붙여진 동백동산에는 종가시나무, 가시나무, 감탕나무, 먼나무 등이 우거진 고요한 숲길과 사람과 동물의 생명수였던 먼물깍 습지도 만날 수 있다. 동백동산 습지센터에서는 마을 주민들이 운영하는 생태관광 프로그램, 체험 프로그램, 자연해설 프로그램에 참여할 수 있다.

위치 제주특별자치도 제주시 동백로 77 | **관람안내** 064-784-9445
홈페이지 http://www.ramsar.co.kr

생물권보전지역

생물권보전지역은 인간이 자연을 잘 보전하여 자연으로부터 경제적 혜택을 얻고, 여기서 얻은 이익을 다시 자연을 보전하는데 이용하여 인간과 자연이 지속가능한 발전을 이루는 것을 목표로 한다. 제주도 생물권보전지역은 한라산과 영천·효돈천·문섬·범섬·섶섬읍 일대가 지정되어 있다.

관람안내 064-710-6981(한라수목원) | **홈페이지** http://jibr.jeju.go.kr

---

* 제주도 세계지질공원 http://geopark.jeju.go.kr
* 유네스코 세계지질공원 핵심마을 활성화 사업 http://jejugeopark.com

흥미진진! 오감으로 즐겨 봐요!

성산일출봉 | 해녀물질 불턱 문화체험
나도 해녀가 되어 볼까? 스킨스쿠버 장비를 착용하고 바다에 들어가 성산일출봉의 수중 지질을 관찰하고, 해녀처럼 해산물도 직접 캐볼 수 있다. 직접 잡은 해산물을 불턱(해녀들이 물질을 하면서 옷을 갈아입거나 쉬는 곳)에서 시식하면서 제주 어로문화를 몸으로 체험해 보는 매우 특별한 프로그램이다.
체험장소 제주특별자치도 서귀포시 성산읍 일출로 258-5 (주)해인
체험비 유료(해녀체험 A, B, C 코스에 따라 체험비 다름)

수월봉 | 전통주 만들기와 전통 안주상 만들기
고산1리에서 생산한 오가피, 백수오, 황칠 등 특용작물을 넣은 전통주를 만들고, 한치 어묵과 빙떡, 빼떼기 등을 만들어 제주도의 전통 안주상을 차려 먹을 수 있다.
체험장소 제주특별자치도 제주시 한경면 고락로 30 | **체험시간** 각각 약 50분 | **체험비** 유료

수월봉 | 족욕 체험 프로그램
지질트레일을 걸으며 쌓인 발의 피로를 고산1리에서 생산한 오가피, 백수오, 황칠 등 특용작물을 넣은 물로 시원하게 풀어주며, 습식 족욕과 훈증 족욕 두 가지가 있다.
체험장소 제주특별자치도 제주시 한경면 고락로 30 | **체험시간** 30분 | **체험비** 유료

산방산·용머리해안 | 자전거 지질트레킹
여덟 형제가 오밀조밀 어울리는 형제섬과 아름다운 사계리 풍경, 금모래가 반짝이는 화순리 마을, 산방산을 둥글게 돌아보는 코스까지 G, E, O 코스를 자전거를 타고 시원하게 내달려 보자.
체험장소 제주특별자치도 서귀포시 안덕면 사계남로 216번길 28 용머리해안 주차장 | **장비대여** 유료

산방산·용머리해안 | 수상 지질트레일
카약과 요트를 타고 지질마을 해설사에게 산방산과 용머리해안을 탄생시킨 지질이야기를 들어 보는 신나는 프로그램이다. 호비요트와 바다자전거, 스노클링, 레프팅, 패들써퍼 같은 다양한 체험도 즐길 수 있다.
체험장소 제주특별자치도 서귀포시 안덕면 화순해안로 67 (주)제주해양레저체험파크
장비대여 유료

도심 속 고대박물관, 부산 국가지질공원

면적
296.98km²
(육상 287.88km², 해상 9.10km²)

대상지역
부산광역시 전체

지정
2013년 12월 6일 국가지질공원 인증

지질명소
12개소

불의 신과 물의 신이 뜨겁게 만난 곳, 부산을 알아봐요!

● '푸른 바다와 갈매기, 하얀 모래사장 그리고 활기 넘치는 도심까지 자연과 도시가 공존하는 부산! 부산만을 중심으로 성장한 도시는 우리나라 제1의 국제무역항이 되었고, 일본을 비롯해 아시아, 유럽 등 세계 여러 나라를 연결하는 관문 역할을 하고 있다. 350만이 넘는 인구가 모여 사는 우리나라의 두 번째 대도시이지만 산과 강 하구, 해안의 뛰어난 경관을 자랑하고, 독특한 지질 및 지형유산이 자연 그대로 보존되어 있다. 또, 접근성과 기반시설 등 교육과 관광 인프라가 잘 갖추어져 있어 누구나 지질유산의 가치를 보고 느낄 수 있는 국내 유일의 도시형 지질공원이다.

부산은 낙동정맥의 끝자락이 바다와 만나는 지점에 터를 잡고 있으며, 내륙에는 금정산과 장산 같은 해발 400~800m의 산과 낮은 구릉산지가 형성되어 있다. 바다와 접해 있는 곳에는 작은 반도와 만, 섬이 발달하여 구불구불 굴곡이 심한 리아스식 해안의 특징을 잘 보여준다. 많은 인구가 모여 큰 도심을 이룬 부산의 남부는 상대적으로 낮은 지대이며, 낮은 산들이 병풍처럼 둘러싸고 있다. 너른 서부평야 지대에는 낙동강 하구에 발달한 삼각주와 범람원이 드넓게 펼쳐져 있다.

이 거대도시 곳곳에는 지구 생성의 비밀을 간직한 고대박물관이라 할 만큼 독특한 지질명소를 곳곳에 숨겨 놓았다. 부산 국가지질공원은 남한에서 가장 큰 퇴적분지인 경상분지의 남동부에 포함되며, 이 경상분지는 백악기 때 한반도 동남부 지역에 형성되었다. 주요 지질구조로는 양산단층이 관통하고 있으며, 지질의 종류는 아래로부터는 화산암류가 있고 이 화산암류 사이에 퇴적된 퇴적암과 산성질의 화산암류, 이들 암석 사이에 마그마가 들어와 형성된 화강암류와 신생대 제4기 하천에 의해 퇴적된 충적층으로 구성되어 있다.

부산을 얘기할 때 빼놓을 수 없는 금정산은 주로 화강암질암으로 구성되어 있으며, 토르, 인셀베르그, 새프롤라이트 같은 전형적인 화강함 풍화지형이 수려한 풍광을 자랑한다. 또, 국내 최대 규모의 삼각주인 낙동강 하구에는 습지, 석호, 갯벌, 해빈, 사구 등 아름다운 강하구 지형과 더불어 철새도 관찰할 수 있는 으뜸 명소이다.

지질명소를 찾아가요!

❶ 낙동강 하구
부산광역시 사하구 낙동남로 1240
탐방안내 051-209-2000
　　　　　 (낙동강하구에코센터)
관람시간 9~18시
홈페이지 http://www.busan.go.kr/wetland

❷ 몰운대
부산광역시 사하구 몰운대1길
(다대동 산144)
탐방안내 051-220-4000(사하문화관광)
홈페이지 http://tour.saha.go.kr

❸ 두송반도
부산광역시 사하구 다대동 산1-6
홈페이지 http://www.busan.go.kr/geopark

❹ 송도반도
부산광역시 서구 암남공원로 185
탐방안내 051-240-4781
　　　　　 (서구문화관광과)

❺ 태종대
부산광역시 영도구 전망로 24
탐방안내 051-405-8745~6
　　　　　 (태종대유원지)
홈페이지 http://www.taejongdae.bisco.or.kr

❻ 오륙도
부산광역시 남구 오륙도로 137
탐방안내 051-607-6395
　　　　　 (오륙도 해파랑길 관광안내소)
홈페이지 http://www.bsnamgu.go.kr

❼ **이기대**
부산광역시 남구 용호3동 산25
탐방안내 051-607-6398
        (이기대 도시자연공원)

❽ **장산**
부산광역시 해운대구 대천로
탐방안내 051-749-5700
        (해운대 종합관광안내소)

❾ **금정산**
부산광역시 금정구 산성로 516
탐방안내 051-519-4081
홈페이지 http://tour.geumjeong.go.kr
        (금정구 문화관광)

❿ **백양산**
부산광역시 북구 만덕동
탐방안내 051-605-4091
        (부산진구 문화관광)
홈페이지 http://tour.busanjin.go.kr

⓫ **구상반려암**
⓬ **두도**

관람시간과 관람요금 등은
현지 사정에 따라 변경될 수 있다.
더 많은 것이 궁금하다면
부산 국가지질공원 홈페이지
(http://www.busan.go.kr/geopark) 참고.

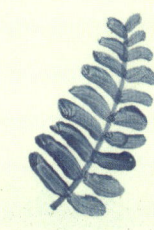

두근두근! 지질명소를 알아봐요!

국내 최대의 삼각주인 낙동강 하구, 고대박물관으로 가는 바닷길 몰운대, 공룡의 낙원이었던 두송반도, 신화가 잠든 바위산 금정산 등 소중한 지질명소를 간직하고 있는 부산은 산과 바다, 강 하구가 만나 독특한 풍광을 이룬다. 도심 한가운데 있어 보다 가까이에서 느낄 수 있는 부산의 지질명소 12곳 중 대표적인 10곳을 만나 보자.

낙동강 하구   낙동강과 남해가 만나 만들어진 낙동강 하구는 우리나라의 삼각주 가운데 가장 규모가 크고 전형적인 삼각주의 모습을 보이고 있어 지질학적, 지형학적 가치가 매우 높다. 낙동강을 따라 흘러온 모래와 흙, 자갈이 쌓여서 크고 작은 모래톱(연안사주)과 넓은 갯벌을 이루었고, 민물과 바닷물이 만나는 기수지역이라 생물다양성이 풍부하고, 동양 최대의 철새도래지이기도 하다.

낙동강 하구에는 토사가 퇴적되어 만든 을숙도가 있고, 그 아래쪽에는 대마등, 맹금머리등, 장자도, 도요등, 진우도 같은 모래톱들이 있다. 이곳은 우리나라에서 지형 변화가 가장 심한데, 하구에 쌓인 모래톱은 낙동강이 운반해온 흙을 남해의 파도가 쌓고 흩어 놓기를 반복하면서 날마다 그 크기가 달라진다.

낙동강 하구는 천연기념물(제179호)이며, 자연환경 보전지역($52.74km^2$), 문화재 지정구역($88.49km^2$), 습지 보호지역, 부산연안특별관리해역으로 지정·보호하고 있다.

두송반도   다대포항 동쪽 해안에 자리 잡고 있는 두송반도는 약 8~7천만 년 전 백악기말 부산의 지형 환경과 고환경의 특성이 잘 나타나 있다. 해안 절벽과 바닥에는 이곳이 바닷가가 아닌 산기슭 평원지대였음을 보여주는 기록이 남아 있다. 크고 작은 물길과 평원에 쌓인 퇴적층, 호숫가 퇴적층, 고토양(백악기 흙이 굳은 암석), 공룡알껍질 화석, 나무화석, 지진 기원의 쇄설성암맥과 변형구조 등 백악기말에 일어났던 자연현상이 고스란히 남아 있어 백악기 말로 지구 시간 여행을 떠날 수 있다.

두송반도의 이암층에는 캘크리트(지표환경에서 토양이나 퇴적물 내에 침전된 석회물질이 암석으로 굳어진 것)가 두꺼운 복합층을 이루는데, 이것으로 미루어보아 백악기말의 기후가 비교적 건조했다는 것을 알 수 있다. 토양의 퇴적물에 석회물질이 침전되려면 건조한 기후가 적합하기 때문이다. 이 석회질 퇴적층은 10여 m 두께인데, 우리나라에 이런 석회질층이 발달한 지역은 이곳이 유일하다.

몰운대 사하구 남단 해안가에 있는 몰운대는 안개와 구름이 끼면 섬이 보이지 않는다 하여 '구름 속에 빠진 곳, 몰운대(沒雲臺)'라 했다. 16세기까지는 '몰운도'라는 섬이었는데 낙동강에서 흘러내려온 모래가 계속 쌓이면서 다대포와 연결되었다.

몰운대는 약 8천만 년 전 백악기 말에 차곡차곡 쌓인 하부다대포층과, 그 후에 생겨난 부산의 지각변형 과정을 한 눈에 볼 수 있는 곳이다. 다양한 단층과 단층암, 암맥, 광맥, 마그마성 및 쇄설성암맥, 흔적화석, 과거 지진기록 등을 간직한 지질학의 교과서라고 할 수 있다.

1592년 9월 1일 임진왜란 부산포 해전에서 이순신 장군이 왜선 500여 척과 싸워 100여 척을 격파하고 큰 승리를 거두었는데, 이때 큰 공을 세운 녹도만호(鹿島萬戶, 전라좌수군 녹도진성 장수) 정운 장군이 싸우다 순절한 곳이기도 하다.

흔적화석, 단층, 암맥 등 당시의 자연현상을 연구하기에 좋은 곳이다. 특히 하부다대포층을 이루는 송도반도 해안의 이암층은 수십 cm에서 수 m의 두께로 반복되어 퇴적층을 이루는데, 이곳에 쌓인 붉은색 사암 내지 사질이암층에는 타원형 공룡알(10cm 내외) 여러 개가 있는 공룡알 둥지 화석이 보존되어 있다. 백악기 당시 생태계에서 가장 크고 위협적인 존재였던 공룡이 물을 마시기 위해 호숫가를 거닐고, 알을 낳기 위해 물가에서 먼 평원을 찾았던 모습을 상상해 보자.

송도반도 소나무가 자생하고 있어 이름 붙여진 송도(松島)반도는 지금의 거북섬이다. 일제강점기 일본인들이 이 거북섬에 '수정(水亭)'이라는 휴게소를 세우고 넓은 백사장을 해수욕장으로 개발한 후, 송도의 본래 모습은 사라지고 이름만 전해진다.

송도반도는 약 8천만 년 전 백악기 말에 일어났던 자연사의 단면들이 기록되어 있다. 하천에서 쌓인 역암과 사암층, 충적평원에서 쌓인 사암과 이암층, 호수에서 쌓인 사암과 이암층, 석회질토양,

태종대 명승 제24호로 지정된 태종대(太宗臺)는 파도의 침식으로 형성된 절벽(100m)과 울창한 난대림, 파도가 어우러져 멋진 풍경을 만들어낸다. 신라 태종무열왕이 삼국통일의 대업을 마치고 전국을 순회하다 이곳의 절경에 반해 한동안 머물며 활쏘기를 즐겨 태종대라는 이름이 붙여졌다.

태종대는 태종대층이라고 하는 응회질퇴적암으로 이루어졌는데, 짙은 녹색의 이암, 회색과 밝은 황

색의 사암, 그리고 쳐트질 지층이 반복되어 쌓인 층리가 발달한 퇴적층이다. 특히, 태종바위와 신선바위의 해안절벽에는 녹색, 흰색, 붉은색의 응회질퇴적암이 한 폭의 수묵화 느낌의 천연 벽화처럼 보여 보는 사람마다 탄성을 자아내게 한다. 이 태종바위와 신선바위는 한반도 남동부의 제4기 지각변형사와 융기작용을 해석하는 데 중요하다.

오륙도

오륙도는 부산만에서부터 차례로 등장하는 우삭도(32m), 수리섬(33m), 송곳섬(37m), 굴섬(68m), 등대섬(28m)을 말한다. 보는 사람의 위치와 방향에 따라 섬이 다섯에서 여섯으로 보인다고 해서 오륙도라고 한다. 육지에서 가장 가까운 우삭도(방패섬과 솔섬)의 중허리에 물이 들면 섬이 두 개로 나누어져 여섯 개가 되고, 물이 빠지면 다시 다섯 섬이 된다. 육지 쪽에 가장 가까운 우삭도는 해식동굴(너비 1m 정도)이 있고, 등대섬 외에는 모두 무인도이다.

약 12만 년 전에는 섬들이 하나의 산 능선으로 육지와 연결되었는데, 오랜 세월 침식작용으로 여러 덩어리로 분리되었고, 3회의 융기운동으로 돌섬으로 분리되었다. 또, 파식작용으로 곳곳에 해식동굴을 형성하고 파식대지(해안단구)를 형성했는데, 이런 과정이 반복되면서 지금의 오륙도가 되었다. 1972년 부산기념물(제22호)로 지정되었다가 2007년 명승 제24호로 승격되었다.

이기대

수영만 서편에 있는 이기대(二妓臺)에는 임진왜란 때 왜군들이 수영성을 함락시키고 이곳에서 잔치를 열었는데, 두 기녀가 왜군 장수에게 술을 권하고는 함께 물속에 빠져 죽었다는 이야기가 전해진다. 『동래영지』에는 좌수영 남쪽으로 15리에 기생 두 명의 무덤이 있어 이기대라 불렀다고 한다.

이기대는 약 8천만 년 전 격렬했던 안산암질 화산활동으로 분출된 용암과 화산재, 화쇄류가 쌓여 만들어진 다양한 화산암류와 응회질퇴적암이 넓게 분포하는데, 이것은 한반도 남동부의 백악기 말 화산활동사를 연구하는 데 중요한 자료이다. 화산암류에 오랜 세월동안 파도가 침식작용을 일으켜 해식절벽, 파식대지, 해식동굴, 돌개구멍 같은 아름다운 해안지형을 이룬다. 이기대 해안가에서 오륙도까지 이어지는 트레일 코스는 구리광산, 돌개구멍, 함각섬석암맥 같은 다양한 지질과 지형 경관을 자랑한다.

장산

해운대구와 기장군 사이, 부산에서 두 번째로 높은 장산(634m)의 장(萇) 자는 '거칠다'와 '거친 복숭아'라는 의미가 있다. 거친 복숭아는 돌복숭아인데, 이 거친 돌복숭아가 많은 산이라는 뜻이다.

장산은 약 7~6천만 년 전 격렬했던 유문암질 화산활동으로 분출된 화산재, 용암, 화쇄류로 이루어졌는데, 너덜(경)이라는 돌밭이 유난히 많다. 이 너덜을 돌서렁이라고도 하는데, 암벽에서 떨어져

나온 바위들이 비탈면에 쌓여 돌밭을 이룬 것이다. 이는 암석이 물리적 풍화작용으로 절리(암석의 틈)를 따라 깨어지고, 오랜 시간 산의 경사면을 따라 아래로 무너지면서 만들어졌다.
장산에는 구과상 유문암, 유문암질 응회암, 반상 유문암 같은 화산암들과 장산폭포, 인셀베르그(평지 가운데 솟은 산) 같은 웅장한 지형도 있다.

금정산

금정산의 이름은 범어사 창건의 금샘 설화에 있다. '산마루에 우물이 있어 그 물빛이 금색이고, 그 속에 금색 물고기가 오색구름을 타고 범천(梵川)으로부터 내려와 놀았다' 하여 금정산(金井山)으로, 그 아래 절을 지어 범어사(梵魚寺)라 했다.
금정산 자락에서는 금곡동과 화명동의 패총, 복천동 고분군, 온천동의 무문토기 같은 선사시대 유적이 출토되었는데, 이는 선사시대에 사람이 살았다는 것을 보여준다. 1703년(숙종 29년) 왜구의 침입을 막기 위해 쌓은 금정산성은 국내에서 가장 규모가 큰 산성(길이 17,337m, 성벽 높이 1.5~3m 가량, 면적은 약 8.2㎢)이다.
금정산은 약 7~6천만 년 전 지하 8~10km에 있던 화강암질 마그마가 식어 굳은 화강암이 융기하면서 형성됐다. 석영과 정장석이 많이 포함된 이 화강암은 경상분지의 퇴적암과 화산암 속을 뚫고 들어가 굳어졌고, 그 후 화강암을 덮던 퇴적암(금정봉 일대)과 화산암(범어사 북쪽)이 침식되어 없어지면서 지표에 드러났다. 이 밖에도 기암절벽,

토르, 돌서렁 같은 화강암 지형도 관찰할 수 있다.

백양산

부산의 등줄기인 금정산맥의 주능선에 솟은 백양산(해발 642m)은 부산진구와 사상구의 경계를 이룬다. 남쪽 기슭에는 삼국시대 때 동평현 성터가, 동남쪽에는 선암사가 있다. 우리나라 상수도의 시초가 된 성지곡수원지도 백양산 자락에 있다.
백양산은 8~7천만 년 전 격렬했던 유천층군 화산활동으로 분출된 물질로 만들어진 다양한 화산쇄설암, 화산활동이 잠시 중단됐을 때 퇴적된 퇴적암, 지하에서 이들을 관입한 화강암까지 부산의 지질 변천사를 그대로 보여준다. 백양산 자락의 금정봉(397m)은 셰일, 이암, 석회암으로 이루어져 백악기 호수의 퇴적층을 잘 보존하고 있다.
백양산 자락의 쇠미산 덕석바위 밑에는 길이가 약 25m쯤 되는 자연동굴인 베틀굴이 있다. 임진왜란 때 여인네들이 굴에서 군포를 짜서 전장에 나간 낭군을 도왔다고 한다. 전쟁에 나간 남편을 그리워한 여인들이 굴 안 바위에 비녀로 작은 구멍을 내어 바깥을 봤다고 해서 비녀굴이라고도 한다.

뚜벅뚜벅! 지질트레일을 걸어 봐요!

화려한 불빛이 반짝이는 도시를 지탱하는 이 땅은 어떻게 만들어졌는지, 바다에 떠 있는 섬은 어떻게 솟아올랐는지, 화산이 분출하던 시절에 이곳은 어땠는지, 이런 궁금증이 떠오를 땐 지질트레일을 걸어 보자. 천천히 걷다 보면 공룡이 살았던 시절의 옛 이야기가 저 멀리에서 뚜벅뚜벅 다가올 것이다.

금정산 지질탐방로

이기대-오륙도 지질탐방로

이기대-오륙도 지질탐방로

● 갈맷길 2-2 코스(12.6km / 4시간 소요)

뜨겁게 솟구쳤던 중생대 백악기 화산활동의 흔적과, 임진왜란 때 왜군장수를 안고 바다로 몸을 던진 두 기생의 이야기를 담은 이기대부터 신비한 오륙도까지 탁 트인 풍경과 다양한 이야깃거리를 한꺼번에 만날 수 있는 길이다.

① 민락교 ⋯ ② 광안리해수욕장 ⋯ ③ 동생말 ⋯ ④ 이기대 돌개구멍 ⋯ ⑤ 어울마당 ⋯ ⑥ 이기대 ⋯ ⑦ 오륙도 스카이파크 ⋯ ⑧ 오륙도 유람선 선착장

광안리해수욕장

동생말

오륙도

금정산 지질탐방로

● 갈맷길 7-2 코스(13km / 5시간 소요)

부산을 대표하는 금정산에는 영남 3대 사찰 중 하나인 범어사와 희귀한 생태군락지인 등나무군락지, 북문습지, 우리나라에서 가장 긴 산성인 금정산성, 그리고 동문과 북문까지 소중한 자연과 문화유적들이 한꺼번에 모여 있다. 그뿐만 아니라 금정산 정상의 고당봉과 원효봉, 금샘바위, 인셀베르그, 토르, 암괴류 등을 차례차례 만날 수 있다.

①동문 ⋯ ②북문 ⋯ ③범어사 ⋯ ④노포동 고속버스터미널 ⋯ ⑤스포원파크 ⋯ ⑥부산톨게이트 ⋯ ⑦상현마을

금정산 동문

금샘 바위

금정산 정상

범어사

범어사 등나무군락지

스포원파크

* 더 자세한 정보는 갈맷길 홈페이지(http://galmaetgil.busan.go.kr/)를 참고하면 된다. 갈맷길은 모두 9코스가 있다.
  부산국가지질공원 http://www.busan.go.kr/geopark '갈맷길' 클릭

지질명소와 함께 보면 더 좋은 곳

우리나라 제일의 해양도시 부산은 거대도시 안에 지질명소를 품고 있으며 자연생태와 해양문화 등 볼거리도 다양하다. 낙동강이 공들여 만든 을숙도, 낙동강 하구의 모든 것을 담고 있는 에코센터, 해양문화를 배울 수 있는 국립해양박물관도 놓치지 말자.

을숙도

낙동강 하구의 대표적인 섬 을숙도에는 사계절 먹이가 풍부하고 겨울에도 물이 얼지 않아 두루미, 고니, 독수리, 흰꼬리수리, 저어새 같은 수많은 철새들이 찾아오는 철새도래지(천연기념물 제179호)이다. 무성하게 우거진 자연습지와 탐방로, 탐조대, 전망대가 잘 갖춰져 있어 관찰체험 학습지로 인기가 높다. 또, 낙동강 하구의 경관과 연안사주, 낙조, 바다 풍경까지 함께 감상할 수 있다.

위치 부산광역시 사하구 낙동남로 1233번길 20
관람안내 051-209-2000

낙동강하구에코센터

을숙도 안에 있는 낙동강하구에코센터는 낙동강 하구의 역사와 생성 과정, 이곳에 사는 생물 등 낙동강 하구에 대한 모든 것을 전시와 영상으로 만날 수 있다. 전시실 한 면이 유리로 되어 있어 드넓은 낙동강 하구의 풍경과 철새들의 모습도 관찰할 수 있다. 또 하구 답사, 식물 관찰 등 다양한 체험 프로그램도 참여할 수 있다.

위치 부산광역시 사하구 낙동남로 1240(을숙도 내)
관람안내 051-209-2000
관람시간 9~18시(마지막 입장 17시, 월요일 휴관)
홈페이지 http://www.busan.go.kr/wetland/

국립해양박물관

해양문화와 해양산업의 유산을 발굴, 보존, 연구하는 국립해양박물관은 바다와 관련된 국내외 유물과 자료 전시뿐 아니라 다양한 해양체험과 교육 프로그램을 열고 있다. 항해선박과 해양문화, 해양생물, 해양산업 등 다양한 주제의 상설전시와 기획전시도 하고 있고, 바다와 환경을 주제로 다양한 공연과 체험활동을 할 수 있는 어린이박물관도 있다.

위치 부산광역시 영도구 해양로301번길 45 | **관람안내** 051-309-1900
관람시간 9~18시(주말과 공휴일, 명절에는 관람시간 연장)
관람요금 무료(특별전시 유료) | **홈페이지** https://www.knmm.or.kr

＊ 부산광역시 문화관광 http://tour.busan.go.kr

흥미진진! 오감으로 즐겨 봐요!

연안 관광 유람선 일주
바다 한가운데에서 부산을 바라보는 방법! 시원한 바람과 파도를 가르며 달리는 유람선을 타고 부산의 풍경과 푸른 바다를 즐겨 보는 건 어떨까? 쌍안경을 챙겨 가면 배가 지나가는 길목에 있는 지질명소를 좀 더 자세히 관찰할 수 있다. 유람선마다 운항코스가 다르므로 미리 확인해야 한다.

- **티파니21**
운항코스 동백섬→오륙도→이기대→광안리→동백섬
운항요금 유료 | **홈페이지** http://tiffany21.co.kr

- **팬스타드림호**
운항코스 부산 국제여객터미널→태종대→몰운대→오륙도→광안리(광안대교)→해운대
운항요금 유료 | **홈페이지** https://www.panstar.co.kr

해양 스포츠 체험
서낙동강에 있는 조정카누경기장에서는 다양한 해양 스포츠를 즐길 수 있다. 연중 열리는 해양 스포츠아카데미에서 조정과 카누, 레프팅을 배울 수 있고, 해마다 6월이면 강 스포츠 축제를 열어 신나는 체험활동도 할 수 있다.

체험장소 부산광역시 강서구 강동동 3655 카누경기장(서낙동강 조정카누 경기장)
체험안내 051-970-4122 | **체험시간** 9시 30분~17시 30분 | **체험비** 유료

패러글라이딩
하늘에서 내려다본 지질공원의 모습은 어떨까? 하늘을 자유롭게 날아오르는 새들처럼 패러글라이딩에 도전해 보자. 체중 30kg 이상만 되면 누구나 하늘을 나는 체험을 할 수 있고, 초보자라도 안전장비를 갖추면 신나게 즐길 수 있다.

- **레저월드**
체험장소 부산광역시 남구 신선로 406 | **체험안내** 051-628-3855
체험시간 10~16시(외국어 안내 가능) | **체험비** 유료

- **부산패러글라이딩학교**
체험장소 부산광역시 금정구 금정로 224 | **체험안내** 051-515-6870
체험시간 주중 12시 이전 출발, 주말 9시30분~10시 사이 출발(영어 안내 가능) | **체험비** 유료

- **부산항공스쿨**
체험장소 부산광역시 부산진구 동평로 273 | **체험안내** 051-804-7230
체험시간 9~22시(사계절) | **체험비** 유료

기암괴석 속에 숨겨둔
지구 생성의 비밀,
청송 국가지질공원

면적
175.26km²

대상지역
청송군

지정
2014년 4월11일 국가지질공원 인증
2017년 5월1일 세계지질공원 인증

지질명소
24개소

맑고 깨끗한
청송을 만나 봐요

● 　화려한 수달래가 봄을 수놓고 톡 쏘는 달기약수가 솟아나는 맑고 깨끗한 청송! 빼어난 절경을 자랑하는 주왕산국립공원과 함께 원시 계곡이 수려한 절골계곡, 아침 안개와 왕버들의 풍경이 환상적인 신비감을 주는 주산지, 더울수록 얼음이 잘 어는 얼음골까지 자연 그대로의 모습을 간직하고 있는 청송은 예로부터 동쪽에 있는 불로장생의 신선세계라 여겼다. 사방이 산지로 둘러싸인 분지 지형으로, 숲이 82%를 차지하고 있어 사계절 깨끗한 공기와 맑은 물이 흐르는 천혜의 고장이다.
청송의 지질은 지체구조상 백악기 경상분지에 해당하는데, 원생대부터 신생대까지 오랜 시간에 걸쳐 만들어진 응회암뿐 아니라 현무암, 안산암, 유문암 같은 화성암과 이암, 셰일 사암, 역암과 같은 퇴적암, 화강편마암 같은 변성암까지 모두 분포하고 있다. 특히 청송 절경의 정점인 주왕산은 약 7천만 년 전 경상계 퇴적층의 약한 틈을 뚫고 나온 격렬한 화산 폭발과 함께 분출한 용암과 쏟아져 나온 화산쇄설물(응회암)이 저지대를 덮어 층을 이루며 만들어졌다. 지금 남아 있는 주왕산응회암층의 두께는 최고 350m나 되는데, 화산 폭발 당시에 엄청난 규모의 화산재가 분출되었다는 것을 짐작해 볼 수 있다.
이렇게 만들어진 땅 위에 환경부 지정 멸종위기종인 솔나리와 깽깽이풀, 노랑무늬붓꽃 등이 피어나고, 담수어류 25종, 조류 85종, 포유류 32종 등 동물 902종과 천연기념물 4종도 살고 있다. 청송은 오염되지 않은 자연환경과 먹거리 그리고 전통을 이어가는 사람들이 모여 사는 자연마을의 특성을 인정받아 2011년 국제슬로시티로도 지정되었다.

> ● 　주왕산에는 바위굴이 곳곳에 있다. 주왕이 숨었다는 주왕굴, 주왕의 군사가 무기를 숨겼다는 무장굴, 주왕의 군사가 훈련했다는 연화굴, 주왕의 시체를 화장했다는 뱀굴, 주왕의 아들이 기도했다는 촛대굴…. 주왕에 관한 전설이 많은 이유는 중국 진나라 때 스스로 후주의 천왕(주왕)이라 불렀던 주도의 전설에서 비롯되었다. 주도는 혼란한 시대를 틈타 반기를 들고 당나라 장안을 쳐들어갔으나 크게 패하자 석병산(주왕산의 옛 이름)에 숨었다. 당나라 왕의 요청으로 신라왕이 마일성 장군에게 주도 토벌의 명을 내리고, 마일성 장군은 4형제와 함께 석병산을 포위해 주도를 잡았다. 그 후 이 산을 주왕산이라 불렀다고 한다.
> 이보다는 김주원 때문이라는 주장도 있다. 김주원은 신라 선덕왕 다음 왕으로 추대되었으나 상대등 김경신(원성왕) 때문에 왕위에 오르지 못하고 주왕산으로 숨었는데, 그의 이름을 따서 주왕산으로 불렸다고 한다.

지질명소를 찾아가요!

❶ 기암단애
경상북도 청송군 부동면 상의리 산24
탐방안내 054-870-5300(주왕산국립공원 사무소)
관람요금 유료(대전사 문화재 관람료)
홈페이지 http://juwang.knps.or.kr

❷ 주방천 페퍼라이트
경상북도 청송군 부동면 상의리 산33
탐방안내 054-870-6111(청송군청 문화관광과)
관람요금 유료(대전사 문화재 관람료)

❸ 연화굴
경상북도 청송군 부동면 상의리 산24
탐방안내 054-870-6111(청송군청 문화관광과)
관람요금 유료(대전사 문화재 관람료)

❹ 급수대 주상절리
경상북도 청송군 부동면 주산지길 121-170
탐방안내 054-870-5300(주왕산국립공원 사무소)
관람요금 유료(대전사 문화재 관람료)

❺ 용추 협곡
경상북도 청송군 부동면 상의리 산24
탐방안내 054-870-5300(주왕산국립공원 사무소)
관람요금 유료(대전사 문화재 관람료)

❻ 용연폭포
경상북도 청송군 부동면 상의리 산83
탐방안내 054-870-5300(주왕산국립공원 사무소)
관람요금 유료(대전사 문화재 관람료)

❼ 절골 협곡
경상북도 청송군 부동면 이전리 산124
탐방안내 054-870-6111(청송군청 문화관광과),
        054-873-5300(주왕산국립공원 사무소)

❽ 주산지
경상북도 청송군 부동면 주산지길 163
탐방안내 054-870-5300(주왕산국립공원 사무소)

❾ 청송 얼음골
경상북도 청송군 부동면 팔각산로 228(내룡리 1번지)
탐방안내 054-870-6240(청송군청 문화관광과)
개방구간 해월봉-구리봉-원구리 등산코스

❿ 백석탄 포트홀
경상북도 청송군 안덕면 백석탄로 133-70
탐방안내 054-870-6111(청송군청 문화관광과)

⓫ 송강리 습곡구조
⓬ 청송 구과상유문암
⓭ 노루용추계곡
⓮ 달기약수탕
⓯ 파천 구상 화강암
⓰ 법수 도석
⓱ 만안자암 단애
⓲ 신성리 공룡 발자국
⓳ 방호정 감입곡류천
⓴ 나실 마그마 혼합대
㉑ 청송 자연휴양림 퇴적층
㉒ 병암 화강암 단애
㉓ 수락리 주상절리
㉔ 면봉산 칼데라

관람시간과 관람요금 등은 현지 사정에 따라 변경될 수 있다.
더 많은 것이 궁금하다면 청송 국가지질공원 홈페이지
(http://csgeop.cs.go.kr) 참고.

두근두근! 지질명소를 알아봐요!

아름다운 비경 속에 가치 있는 지질자원을 숨겨둔 청송은 2014년 국가지질공원 인증에 이어 2017년 세계지질공원에도 인증되어 그 가치를 전 세계에 알렸다. 청송의 자랑 가운데 으뜸인 주왕산국립공원은 1976년 우리나라 12번째 국립공원으로 지정되어 국가에서 엄격하게 관리하고 있다. 지질명소 24곳 중 대표적인 10곳을 만나 보자.

기암단애 거대한 바위 7개가 우뚝 솟아 있는 기암단애는 사람의 손가락을 가지런히 모아 하늘로 치켜 올린 모양을 닮았다. 주왕산 일대에는 아홉 번 이상의 강한 화산 폭발이 있었는데, 뜨거운 화산재가 쌓이고 끈적끈적하게 엉켜 붙으면서 굳어 용결응회암을 만들었다. 중생대 백악기 화산재로 만들어진 이 용결응회암은 원래 하나의 봉우리였는데, 뜨거운 암석이 급히 냉각될 때 수축이 일어나면서 세로로 틈이 생기고, 오랜 시간 풍화작용이 진행되어 암석이 떨어지면서 지금과 같은 단애(깎아지른 듯한 낭떠러지)를 이루었다.

'기암(旗岩)'은 중국 당나라에서 도망쳐온 주왕(周王)의 전설에서 유래된 이름이다. 주왕은 중국 당나라 시대에 진나라의 재건을 위해 반역을 일으키다 실패하여 신라로 숨어들었다. 당나라는 신라에게 주왕을 잡아달라고 요청했는데, 신라의 마일성 장군이 주왕굴에 숨어 있던 주왕을 찾아냈다. 그리고 마 장군은 주왕산 입구가 가장 잘 보이는 봉우리에 깃발을 꽂았는데, 이후 이 봉우리를 기암이라 불렀다.

당시에는 특이한 바위들이 병풍처럼 늘어서 있다 하여 석병산이라 했는데, 주왕이 숨은 이후부터 주왕산이라 불렀다고 한다.

주방천 페퍼라이트 페퍼라이트(peperite)는 높은 온도의 용암이나 마그마가 낮은 온도의 아직 굳지 않은 퇴적물이나 바다(호수)의 퇴적물과 만나 급격하게 식으면서 깨진 퇴적물과 뒤섞여 생긴 암석이다. 후추를 뿌린 것과 닮아서 페퍼라이트라고 부르는데, 퇴적작용과 화성활동이 동시에 일어날 때 생길 수 있으며 과거 지질작용의 성격과 시기를 해석하는데 매우 중요한 암석이다.

주왕산국립공원 입구의 대전사부터 용추폭포까지 주방천을 따라 이어지는 탐방로 곳곳에서 페퍼라이트 노두(광맥, 지층, 석탄층의 일부가 땅 위로 드러난 것)를 관찰할 수 있다. 이곳 주왕산 일대의 페퍼라이트는 한 지역에서 다양한 모양을 관찰할 수 있어 페퍼라이트의 형성 과정을 해석하는 데 중요한 학술적 가치를 가진다.

**급수대
주상절리** 주방천 계곡에는 탐방로 양 옆으로 길게 병풍처럼 이어진 단애들이 곳곳에 있는데, 이 중, 단애의 대표라고 할 수 있는 것은 응회암질 단애인 급수대이다. 주왕산을 이루고 있는 대표 암석인 응회암은 화산 폭발 때 뿜어져 나온 화산재가 굳어져 만들어지는데, 이것이 빠르게 식는 과정에서 틈이 생겨 육각형 기둥 모양의 주상절리가 되었다. 급수대는 주왕산의 많은 응회암질 단애들 중 주상절리가 가장 뚜렷하게 발달해 있다.

급수대 이름은 신라 때부터 비롯되었다. 신라 37대 왕인 선덕왕은 후손이 없어 무열왕의 6대 손인 김주원을 다음 왕으로 추대했고, 궁에서 200리 떨어진 곳에 있던 김주원이 궁으로 들어오려고 하는데 홍수가 나서 알천이 범람하여 건널 수가 없었다. 이것을 하늘의 뜻으로 생각한 대신들은 상대등 김경신(38대 원성왕)을 왕으로 앉혔다. 그러자 갈 곳 없어진 김주원은 주왕산으로 피신하여 산 위에 대궐을 지었고, 계곡의 물을 퍼올려 식수로 썼다고 해서 급수대라 부르게 되었다고 한다.

회암이 주산지의 아래에 자리 잡고 있고, 그 위로 비용결응회암과 퇴적암이 쌓여 마치 물을 담는 큰 그릇의 역할을 하기 때문이다. 비가 오면 비용결응회암과 퇴적암층이 물을 흠뻑 머금고 있다가 조금씩 물을 흘려보내 가뭄이 들지 않고 늘 풍부한 수량을 유지할 수 있다.

150여 년을 살아온 왕버들 고목 30여 그루가 주산지에 고즈넉하게 서 있는 풍경은 아침 안개와 어우러져 신비롭고 환상적인 풍경을 만들어낸다. 이 풍경을 담기 위해 국내외 사진작가와 관광객들이 즐겨 찾고 있으며, 2013년 명승 제105호로 지정되었다.

주산지 1720년 8월, 조선 경종 원년에 농업용수를 공급하기 위해 공사를 시작하여 그 이듬해 10월에 준공한 저수지(길이 200m, 너비 약 100m, 수심 8m)로, 아무리 오랜 가뭄으로 물이 부족해도 밑바닥을 드러낸 적이 없다. 이것은 뜨거운 화산재가 엉겨 붙어 만들어진 치밀하고 단단한 암석인 용결응

청송 얼음골 얼음골은 한여름 기온이 섭씨 32도 이상이 되면 얼음이 얼고, 32도 아래로 내려가면 얼음이 녹는 신비한 현상이 나타나는 곳이다. 얼음골 주변에는 양쪽 암석단애 아래 여러 곳에서 애추가 발달하고 있는데, 애추는 암석단애의 갈라진 절리나 틈에 들어 있는 수분이 동결과 융해를 반복하면서 벌어진 바위덩어리들이 중력의 힘을 받아 아래로 떨어져 쌓인 퇴적층이다. 두껍게 쌓인 바위조각의 아래에는 여름철에도 태양빛이 차단되고, 상대적으로 차가운 지하의 영향을 받아 차가운 공기가 생성된다.

이 차가워진 공기는 바위틈을 따라 아래쪽으로 내려가고, 애추 지형의 아래쪽에서는 차갑고 습기가

많은 공기가 바깥쪽으로 빠져 나오면서 따뜻하고 건조한 공기와 만나게 된다. 이때 공기 중의 습기가 기화하면서 온도가 낮아져 얼음골이 형성된다. 이처럼 차고 습한 공기가 갑작스럽게 증발하는 과정에서 증발의 정도에 따라 주변을 냉각시키는 정도가 그다지 크지 않으면 찬 공기가 나오는 풍혈이 형성되고, 그 정도가 심하면 영하의 얼음골을 만들게 된다. 또, 얼음골의 경사면이 북쪽을 향하고 있어 볕이 잘 들지 않는 것도 중요한 요인이다.

연화굴 주왕산 주방천 계곡에 자리 잡고 있는 연화굴(높이 3m, 넓이 5m, 길이 10m)은 바위 사이로 구멍이 나 있는 통로형 굴로, 굴 뒤편 바위틈으로 하늘이 보일 정도로 뚫려 있다. 연화굴은 다양한 형태의 절리를 한 자리에서 관찰할 수 있는데, 굴이 뚫려 있는 지점은 수직절리가 발달하고, 윗부분에는 굴의 방향과 수직의 판상절리가, 아랫부분에는 규칙성이 없는 불규칙절리가 나타난다.

굴 주변으로 둘러져 있는 병풍바위에서는 계곡수가 흘러 굴 바닥으로 떨어지는데, 연화굴의 절리와 굴 뒤편에 있는 안산암질 암맥의 틈을 따라 물이 흐르면서 풍화와 침식이 더 활발하게 진행되어 앞과 뒤가 뚫린 동굴이 형성되었다. 옛날 이 굴에서 주왕산에 은거하던 주왕의 군사가 훈련했다고 하고, 주왕의 딸 백련공주가 성불한 곳이라고 전해지고 있다.

용추 협곡 용이 승천한다는 뜻을 가지고 있는 용추 협곡은 거대한 바위 협곡으로 주왕산에서 가장 압도적인 절경을 자랑한다. 깎아지른 듯한 바위가 수직 암석단애를 이루고, 계곡에는 연이어 등장하는 여러 폭포와 폭호(폭포 아래로 떨어진 물과 자갈이 바위를 깎아서 웅덩이가 된 곳)를 이루고 있어 멋진 풍경과 시원한 물소리에 감탄이 절로 터져 나온다. 용추 협곡은 총 3단으로 이루어져 있는데, 1단과 2단 폭포 아래에는 선녀탕과 구룡소라고 부르는 구혈(포트홀)이 있고, 3단 폭포 아래에는 폭호가 있다. 구룡소는 아홉 마리의 용이 승천했다는 전설이 전해진다.

예전에는 청학과 백학이 살았다 하여 청학동이라 불렸고, 선비들이 자연을 벗 삼아 풍류를 즐기던 곳이며, 신선세계로 들어가는 길목이라는 뜻도 품고 있다. 이곳을 중심으로 주왕계곡은 2003년 명승 제11호로 지정되었다.

용연폭포 주왕계곡 상류에 있는 용연폭포는 2단으로 이루어진 폭포인데, 주왕산의 폭포 중 가장 크고 웅장하다. 폭포수가 두 줄기로 떨어져서 쌍용추폭포 혹은 내용추폭포라고 한다. 1단 폭포(폭 약 4m, 길이 6m)에는 포트홀(폭과 길이가 10m)이 형성되어 있는데, 포트홀의 양쪽 단애에는 하식동(침식작용으로 생겨난 동굴)이 폭포 왼쪽에 3개, 오른쪽에 1개가 형성되어 있다. 폭포나 하천의 침식작용으로 생겨난 동굴인 하식동의 모양을 살펴보면 용연폭포의 후퇴과정을 알 수 있다. 폭포가 발달하면서 침식이 생기면 폭포 면이 차츰 뒤로 밀려나가는데, 현재 폭포에서 가장 먼 부분의 하식동이 먼저 만들어지고, 폭포가 차츰 후퇴하면서 두 번째, 세 번째 하식동이 만들어졌다.

경사는 거의 수직을 이루고, 높이는 50m 이상, 바닥은 10~20m 내외로 깊고 좁다. 이런 지형은 주왕산응회암에 발달하고 있는 주상절리, 용결엽리 등의 구조를 바탕으로 발달했다.

절골 협곡 주왕산-가메봉-왕거암 능선의 남동쪽에 있는 절골주차장에서 대문다리까지 약 5km 구간(직선거리 약 3km)으로, 깎아지른 수직 절벽 사이로 맑고 깨끗한 주산천이 흐른다. 우뚝 솟은 기암괴석으로 둘러싸인 경관 때문에 사계절 트래킹 코스로 인기가 높다. 옛날에는 운수암이라는 절이 있어서 절골이라 불렸는데, 지금은 터만 남았다. 절골 협곡은 곡벽(골짜기 양쪽에 늘어선 벼랑)이 급경사를 이루는데, 심한 하각작용(강이 그 바닥을 깎는 작용)으로 폭에 비해 깊고 급하다. 곡벽의

백석탄 포트홀 청송군 안덕면 고와리 계곡에 있는 백석탄은 '하얀 돌이 반짝거리는 내'라는 뜻으로 눈부신 바위들이 장관을 이루며 연이어 나타나 신성계곡의 정수로 꼽힌다. 희다 못해 푸른빛이 감도는 백석탄 포트홀은 계곡물의 흐름에 따라 오랜 시간 동안 풍화되고 침식되어 암반에 항아리 모양의 깊고 다양한 구멍(포트홀)들이 생긴 것이다.

백석탄에는 돌개구멍, 사층리, 생교란, 이암편, 역암 등 수많은 퇴적구조가 발달하여 고퇴적환경을 연구하기에 아주 좋은 자료가 된다. 이런 지질학적 특징이 뚜렷하게 잘 나타나 있어 지질을 좀 더 쉽게 관찰할 수 있고, 지질학을 배울 수 있는 현장 학습 장소로 매우 가치가 높다.

뚜벅뚜벅! 지질트레일을 걸어 봐요!

국내 최대 공룡발자국 산지이자 공룡의 명동거리라고 할 수 있는 신성리에서 공룡발자국을 만나고, 거대한 기암절벽 풍경과 폭포 소리에 압도되는 주왕산 주왕계곡을 걸어 보자. 천천히 걷다 보면 화산이 폭발하고 공룡이 살았던 지구의 시간이 온몸으로 전해질 것이다.

신성계곡 녹색길 지질탐방로

● 12.4km / 3시간 30분 소요

신성계곡에 분포하고 있는 다양한 지질명소를 만날 수 있는 코스이다. 녹색길 안내센터 신성지질학습관에서 출발하여 방호정, 신성리 공룡 발자국, 백석탄으로 이어지는 멋진 길이다.

①신성지질학습관 … ②방호정 퇴적층 … ③신성리 공룡 발자국 … ④만안자암 단애 … ⑤백석탄계곡 … ⑥도자기 체험장 … ⑦목은재 휴게소

신성리 공룡 발자국

방호정 퇴적층

백석탄

주왕계곡 지질탐방로

● 4.5km / 1시간 30분 소요

주왕산국립공원에 자리 잡고 있는 지질명소를 한꺼번에 만날 수 있는 가장 인기 있는 지질탐방로이다.. 주왕산 입구에 있는 탐방안내소(주왕산지질학습관)에서 출발하여 기암단애, 주방천 페퍼라이트, 급수대, 연화굴, 무장굴, 주왕굴, 용추폭포, 절구폭포, 용연폭포를 모두 관찰할 수 있다.

①탐방안내소(주왕산지질학습관) ⋯ ②기암단애 ⋯ ③주방천 페퍼라이트 ⋯ ④연화굴 ⋯ ⑤급수대 주상절리 ⋯ ⑥용추협곡 ⋯ ⑦절구폭포 ⋯ ⑧용연폭포 ⋯ ⑨주왕굴 ⋯ ⑩무장굴 ⋯ ③기암단애 ⋯ ①탐방안내소

＊지질해설
 전화예약: 청송군청 문화관광과 054-870-6111
 상시운영: 주왕산학습관 상의탐방안내소(연중), 신성학습관(3~10월)

기암 단애

주방천 페퍼라이트

연화굴

절구폭포

무장굴

용연폭포

지질명소와 함께 보면 더 좋은 곳

'한국인이 꼭 가 봐야 할 관광지 100곳'에 선정된 주왕산국립공원을 중심으로 청송에는 다양한 볼거리, 즐길거리가 가득하다. 태고의 신비를 간직한 청송 꽃돌과 생활도자기 청송백자, 역사소설에 한 획을 그은 김주영 작가의 객주문학관까지 다양한 즐거움에 빠져 보자.

주왕산국립공원 탐방안내소

국립공원 정보뿐 아니라 지역 관광명소와 행사 정보 등 다양한 정보가 모여 있다. 또, 주왕산 지질학습관 전시관도 함께 있어 청송의 지질 전시와 지질명소 안내, 청송꽃돌 전시 등 다양한 볼거리를 갖추고 있다.

위치 경상북도 청송군 부동면 공원길 146
관람안내 054-870-5341(주왕산국립공원 사무소/월요일 휴관)

청송수석꽃돌박물관

단단한 돌 속에 화려하고도 신기하게 핀 꽃돌을 감상할 수 있는 청송수석꽃돌박물관은 자연의 미가 살아 있는 수석과 희귀한 청송꽃돌(청송구과상유문암)을 전시하고 있다. 수석계의 선구자인 남정락 선생이 평생을 모아 기증한 수석과 청송꽃돌을 함께 관찰할 수 있다.

위치 경상북도 청송군 부동면 주왕산로 494
관람안내 054-870-6070(청송군청 문화관광과)
관람시간 3~10월 9시 30분~18시, 11~2월 9시 30분~17시(월요일 휴관)

객주문학관

19세기 말 조선 팔도를 누빈 보부상 이야기를 중심으로 민중생활사를 생생하게 그려 한국 역사소설의 지평을 넓힌 김주영 작가의 대하소설 『객주』를 만날 수 있다.

위치 경상북도 청송군 진보면 청송로 6359 | **관람안내** 054-873-8011
관람시간 하절기 9~18시, 동절기 9~17시 | **홈페이지** https://gaekju.com

청송백자전시관/ 청송 심수관 도예전시관

500여 년 오랜 역사를 가진 청송백자는 도석(陶石)을 빻아 만든 매우 얇고 가벼운 생활도자기로, 눈처럼 하얗게 빛나는 특징이 있다. 그 옆에는 조선 정유재란 때 끌려간 조선의 도공의 12대 후손인 심수관 선생의 도예전시관도 볼 수 있다. 현재 15대째 왕성한 작품활동을 하는 청송 심 씨 심수관가(家)의 도자기도 만나 보자.

위치 경상북도 청송군 부동면 주왕산로(494) 주왕산관광단지내
관람안내 054-874-0101(청송문화재단) | **홈페이지** www.cctf.or.kr

---

* 청송세계지질공원 http://csgeop.cs.go.kr
* 청송군청 문화관광 http://tour.cs.go.kr

흥미진진! 오감으로 즐겨 봐요!

청송백자 체험
청송백자는 흙이 아닌 도석이라는 돌을 빻아 갈아 만들어 매우 얇고 가벼운 설백색이 나는 특징이 있다. 청송백자의 기능보유자인 고만경 선생의 공방에서 직접 만들기 체험을 해 볼 수 있다. 가마터 뒤편에 도석을 캔 광산도 함께 둘러보면 좋다.
체험장소 경상북도 청송군 부동면 법수길 190 | **체험안내** 054-873-7744 | **체험비** 유료
홈페이지 www.csbaekja.kr

청송 전통 옹기 체험
다섯 가지 은은한 색채가 감도는 오색점토는 전국에서 유일하게 청송 진보에서만 나온다. 이 흙으로 만든 숨 쉬는 그릇이 바로 청송옹기인데, 지금도 전통방식으로 옹기를 만들고 있는 이무남 선생(경상북도 무형문화재 제25호)과 함께 옹기 만들기 체험을 할 수 있다.
체험장소 경상북도 청송군 진보면 옹기도막길 15 | **체험안내** 054-874-3362
체험비 유료(체험시간 1~2시간 소요, 예약 필수)
＊ 자신이 빚은 옹기가 집으로 배송되려면 한 달 정도 걸린다.

청송 전통 한지 체험
청송은 신라시대부터 제지업이 발달했는데, 7대째 가업을 이어온 이자성 선생(경상북도 무형문화재 제23호)의 한지공장에서 직접 닥나무 껍질로 하늘하늘한 한지를 만들어 볼 수 있다. 한지 만들기를 직접 체험하면서 전통 한지의 특징과 우수성도 이해할 수 있다.
체험장소 경상북도 청송군 파천면 청송로 5882-41 | **체험안내** 054-872-2489 | **체험비** 유료
홈페이지 cshanji.com

아이스클라이밍(국제, 국내 대회)
하얀 얼음꽃이 핀 빙벽을 오르는 '청송 아이스클라이밍 월드컵대회'는 2011년부터 아시아에서는 유일하게 청송 얼음골에서 열리고 있으며, 세계 20여 개국의 국가대표 선수들이 참가하고 있다. 우리나라 빙벽애호가를 위한 '청송 전국 아이스클라이밍 선수권대회'도 역시 얼음골에서 열리는데, 모험과 스릴이 넘치는 빙벽을 즐기려는 빙벽애호가들과 함께 겨울을 즐겨 보자.
체험장소 경상북도 청송군 부동면 내룡리 22-2(청송얼음골, 청송아이스클라이밍 경기장)
체험안내 청송 아이스클라이밍 월드컵 | **체험기간** 매년 1월
홈페이지 http://ice-climbing.kr

용암대지에서 부르는 평화의 노래,
강원평화지역 국가지질공원

면적
2,067.07km²

대상지역
철원군, 화천군, 양구군, 인제군, 고성군
(강원도 DMZ 접경 5개군)

지정
2014년 4월 11일

지질명소
21개소

충돌의 땅에서
평화의 땅으로 변신하는 곳!

● 백두대간의 허리 부근에 광활하게 펼쳐져 있는 강원평화지역 지질공원은 깊고 울창한 숲에 다양한 야생동식물이 사는 생명의 땅이다. 6·25전쟁 때 이곳은 한반도의 중부를 오르내리며 치열한 격전을 치루면서 생태계가 무참히 파괴되었지만, 비무장지대(DMZ, Demilitarized Zone)와 민간인 출입통제 지역을 중심으로 60여 년 동안 사람의 거주와 개발이 금지·제한되면서 훼손된 생태계가 복원되는 놀라운 변화가 일어났다. 전쟁 이후 자연의 회복력으로 생태계가 스스로 살아난 사례는 세계 어디에서도 유래를 찾아보기 힘들고, 생태학적 연구 가치도 매우 높다.

인간의 거주밀도가 낮고 개발도 드물어 멸종위기에 있는 동식물의 중요한 보금자리가 되었고, 오랫동안 경작되지 않은 농지는 풀과 나무가 우거지면서 야생의 천국이 되었다. 특히 철원 용암대지는 두루미, 재두루미, 기러기 같은 다양한 철새가 찾아오는 국제적인 철새도래지로, 대암산 용늪에는 손바닥난초, 비로용담, 끈끈이주걱 같은 희귀식물의 서식지로 생태 가치가 매우 높은 곳이다.

강원평화지역 지질공원은 한반도의 동고서저(東高西低) 지형의 특성을 잘 보여주고 있다. 백두대간을 중심으로 서쪽의 내륙지방으로 갈수록 경사가 완만하게 낮아지고, 동해안 쪽으로는 경사가 매우 급하다. 이것은 한반도의 기본 골격으로, 신생대 제3기에 동해의 해저지각이 확장하면서 한반도가 수평으로 압력을 받아 백두대간을 중심으로 지반이 융기(경동성 요곡운동)한 것이다. 또, 이 지역은 지체구조(대규모 지각 변동으로 넓은 지역에 걸쳐 이루어진 지질 구조)상 경기육괴에 포함되며, 지질은 원생대의 변성암류, 중생대의 화강암류, 신생대의 현무암류로 구성되어 있다.

이러한 지질과 지형유산을 중심으로 충돌 지역을 평화 지역으로 가꾸기 위해 '강원평화지역(평화지역은 강원도 접경지역을 뜻하는 새로운 이름으로 철원, 화천, 양구, 인제, 고성군이다) 국가지질공원'이라 이름 지었다.

● 그 옛날 대암산 일대를 수호하는 황용과 청용이 있었다. 대암산에는 물이 가득 찬 호수가 있는데, 지각변동과 대홍수로 호수가 터지자 황용과 청용은 하늘로 승천했다고 한다. 이곳이 명당이라 하여 용늪에 수장하면 후손이 벼슬을 얻고 부귀영화와 무병장수를 한다고 믿었다. 그래서 밤에 몰래 수장하는 일이 종종 있었는데, 여름에 수장을 하면 인근 양구와 인제 지역의 농사를 헤쳐 주민들이 수장한 시체를 파헤치기도 했다. 실제 6·25전쟁 직전까지 이런 일이 벌어졌다고 한다.

지질명소를 찾아가요!

❶ 철원 용암대지
강원도 철원군 철원읍 동송읍 일원
탐방안내 033-450-5559
(철원군 관광안내소)

❷ 직탕폭포
강원도 철원군 동송읍 직탕길 94
탐방안내 033-450-5559
(철원군 관광안내소)

❸ 곡운구곡
강원도 화천군 사내면 용담리 844-2
탐방안내 033-440-2011
(화천군청 기획감사실)

❹ 용화산
강원도 화천군 하남면 용암리
탐방안내 033-440-2211
(화천군청 기획감사실)

❺ 두타연
강원도 양구군 방산면 건솔리
탐방안내 033-480-2251, 2675
관람시간 9~16시(상황에 따라 출입통제)
관람요금 유료
홈페이지 www.ygtour.kr(양구군청 문화관광)

❻ 해안분지
강원도 양구군 해안면 일대
탐방안내 033-481-2191(양구군청)
*민통선 지역으로 양구통일관(해안면 후리, 033-481-9021)에서 출입신고서 작성 후 개인차량으로 출입

관람시간과 관람요금 등은 현지 사정에 따라 변경될 수 있다.

❼ 대암산용늪
강원도 인제군 서화면 서흥리, 양구군 동면
탐방안내 033-460-2065(환경보호과)
*원주지방환경청의 사전 승인 후 출입가능
홈페이지 http://sum.inje.go.kr/br/portal
(방문 일주일 전 사전 예약)(원주지방환경청)

❽ 내린천 포트홀
강원도 인제군 인제읍 고사리, 상남면 미산리
탐방안내 033-460-2062
(인제군 문화관광과)

❾ 화진포
강원도 고성군 현내면 죽정리,
거진읍 화포리
탐방안내 033-450-5558~9
(화진포관광안내소)
033-680-3336
(고성군 환경보호과)

❿ 능파대
강원도 고성군 죽왕면 문암진리
탐방안내 033-680-3336
(고성군 환경보호과)

⓫ 고석
⓬ 대교천 현무암 협곡
⓭ 삼부연 폭포
⓮ 비래암
⓯ 화천 백립암복합체
⓰ 양구백토
⓱ 양의대 하천습지
⓲ 소양강 하안단구
⓳ 진부령
⓴ 고성 제3기 현무암
㉑ 송지호 해안

73

두근두근! 지질명소를 알아봐요!

강원평화지역은 일제강점기, 한국전쟁과 남북분단 그리고 이후 60년 동안 남북의 삼엄한 대치 속에서 근현대 한반도의 특수성이 공존하는 매우 특별한 곳이다. 그러나 자연은 인간의 충돌과는 다른 위대한 회복력으로 냉전의 아픔을 치유하고 세계에서도 보기 드문 자연생태계를 가꿨다. 강원평화지역의 지질공원 21곳 중 대표적인 10곳을 만나 보자.

철원 용암대지

철원평야는 남한의 내륙지역에서 관찰할 수 있는 유일한 용암대지로, 신생대 제4기 현무암의 용암류(약 54만 년~12만 년 전)가 골짜기를 따라 흘러내리면서 형성된 화산지형이다.

용암대지 형성 이전의 철원은 중생대 화강암으로 된 구릉지대 사이로 한탄강이 흘렀을 것으로 추정된다. 이후 신생대 제4기에 추가령 구조곡에서 현무암 용암류가 분출해 한탄강으로 흘러내려오면서 낮은 부분을 채워 용암대지를 이루었다. 용암대지와 같은 현무암층은 절리가 발달하여 물 빠짐이 잘 되고 지표수가 저장되지 않아 척박한 땅이 되는 것이 일반적이지만, 철원평야의 현무암층에는 새롭게 퇴적층이 쌓이면서 비옥한 땅이 되었다.

용암대지에 간혹 보이는 구릉성 산지들은 용암이 낮은 지대를 메우면서 미처 메우지 못해 섬처럼 남은 것으로 스텝토(Steptoe)라고 한다. 철원 용암대지에 있는 스텝토는 군사적으로 매우 중요한 위치로, 한국전쟁 때 치열한 전투가 벌어지기도 했다. 대표적인 곳은 6·25전쟁 때 폭격을 받은 아이스크림 고지(219m)다.

직탕폭포

한탄강 본류의 직탕폭포(폭 80m, 높이 3m)는 신생대 제4기(54만 년~12만 년 전) 알칼리 현무암층에 형성되었는데, 좁고 긴 일반 폭포와 달리 폭포수가 넓게 펼쳐져 흐른다. 용암이 겹겹이 굳은 현무암 위로 오랫동안 물이 흐르면서 풍화와 침식작용으로 계단 모양의 폭포가 되었다. 직탕폭포를 이루는 암석은 서울과 원산을 잇는 추가령 구조곡에서 솟아오른 용암이 흘러내려와 굳어진 것으로, 철원 용암대지를 구성하는 현무암의 일부분이다. 직탕폭포의 별명은 한국의 나이아가라 폭포인데, 규모의 차이는 크지만 두 폭포는 공통점이 있다. 직탕폭포처럼 풍화와 침식을 받아 계단 모양으로 형성된 폭포는 폭포수의 떨어지는 힘에 의해 침식작용이 계속 나타난다. 이렇게 침식작용을 계속 받으면 현무암 기둥들이 무너져 내리고 결국에는 폭포의 위치가 강 상류 쪽으로 침식해 들어가는 두부침식(침식이 상류 쪽을 향해 이뤄져 강의 길이가 길어지는 현상)이 일어난다. 우리나라의 직탕폭포처럼 나이아가라 폭포 역시 두부침식이 일어나면서 점점 뒤로 후퇴하고 있다.

곡운구곡 곡운구곡은 조선시대 성리학자 곡운 김수증(1624~1701)의 호를 땄다. 김수증은 1670년부터 화천군에 살면서 지촌천의 물굽이 9개에 이름을 지어 곡운구곡(방화계, 청옥협, 신녀협, 백운담, 명옥뢰, 와룡담, 명월계, 융의연, 첩석대)이라 불렀다. 9곡 중 경관이 수려한 신녀협과 백운담에는 하천 절벽과 판상절리 구조가 뚜렷하다.

곡운구곡 일대는 중생대 쥐라기에 관입한 반상화강암이 하천 주변에 분포하며, 바위로 된 강바닥을 따라 포트홀, 소규모 폭포와 폭호 등의 지형이 발달했다. 반상화강암 아래에는 원생대의 변성암(편마암)이 있고, 곡운구곡의 1곡과 3곡 사이의 하천가에는 변성암의 일종인 호상편마암이 있다. 이 호상편마암 중에 심하게 습곡을 받아 휘어진 모습과 끊어진 흔적(단층)을 찾아볼 수 있다.

며 탑처럼 남은 풍화미지형 중 토어가 발달했다.
용화산의 심바위에는 효심 지극한 심마니가 꿈에 백발노인을 보고 이 산에서 큰 산삼을 캤다는 이야기가 전해진다. 그래서인지 용화산은 산삼이 많기로 유명해 전국에서 심마니들이 모여든다.

용화산 산 전체가 화강암으로 된 용화산(878m)은 통일신라 화엄종의 성지로, 미래불 미륵이 용화수 아래에서 성불한다는 불교 교리에서 나온 이름이다. 지하 깊은 곳의 화강암이 지표 근처로 올라오면 온도와 압력이 낮아져 쉽게 부서지는 풍화작용을 겪는데, 이때 약해진 틈으로 물이 들어가면 심층풍화가 일어난다. 용화산은 이런 심층풍화 이후 풍화층이 떨어져 나가고 돔 형태의 암괴가 노출되어 돌산이 되었다. 용화산은 판 모양으로 갈라지는 판상절리와, 화학적 풍화작용으로 가장자리가 떨어져 나가

두타연 민간인 출입통제선 북방의 두타연은 맑은 사태천이 흐르고 주변이 오염되지 않아 천연기념물인 열목어의 서식지이다. 두타폭포(높이 10m, 폭 60여m)가 쏟아지는 두타연의 이름은 '드레소'였는데, 이 부근에 있었던 두타사(절)의 이름을 따서 지금의 두타연이 되었다고 한다.

두타연은 곡류 절단, 폭포와 구하도 형성, 폭호 발달의 순으로 형성되었다. 사태천이 굽이굽이 흐르던 중 굽어진 부분의 양쪽이 동시에 깎여 물굽이 사이에 좁고 가느다란 부분(곡류목)이 생겼는데, 이 곡류목이 끊어지면서 직선에 가까운 물길이 생겼다. 이 물길에 상류와 하류의 높이 차이로 폭포가 생겼고, 예전의 물길에는 물이 흐르지 않아 구하도가 되었다. 또, 물이 계속 폭포 아래를 침식시

키면서 움푹한 물웅덩이인 폭호가 생겼다.
두타연은 민간인 통제구역이라 양구군청 홈페이지에서 출입 신청을 해야 하며, 방문일에 두타연갤러리(양구군 방산면 고방산리)에서 출입신고서 작성 후, 지질공원 해설사와 동행해야 한다.

해안분지

휴전선과 맞닿은 해안분지는 가칠봉, 대우산, 도솔산 등 높은 봉우리(변성암)들이 둘러싸고 있는 낮은 분지(해발 400m)로, 대접 모양을 닮았다. 옛날 이곳에는 뱀이 많았는데, 조선시대 스님의 권유로 돼지를 키우면서부터 뱀이 사라졌다고 한다. '돼지(亥)가 마을에 안녕(安)을 가져왔다'는 뜻으로 해안(亥安)이라 부른다. 6·25 전쟁 때는 분지 모양이 화채그릇 같다고 해서 펀치볼(punch bowl)이라고 알려졌다.

해안분지는 차별침식으로 형성된 대표적인 침식분지다. 바닥의 화강암은 약 2억 년 전 지표로부터 약 20km의 심부에서 마그마가 관입하여 형성됐다. 이때 화강암 위쪽과 기존의 변성암 아랫부분이 접촉하는 부분에 큰 균열이 생겼고, 균열은 침식에 약해져 주변보다 쉽게 제거되고 지하로 물이 스며들어 화강암의 심층풍화작용을 일으켰다. 심층풍화를 받은 화강암이 지각운동이나 융기를 겪으며 지표로 서서히 드러난 후, 풍화물질이 주변의 변성암보다 빨리 침식되면서 지금의 오목한 분지가 되었다.

대암산 용늪

인제군 대암산(1,304m)의 산지습지(해발 1,200m)인 용늪은 1997년 우리나라 최초로 람사르협약에 등록된 습지이고, 승천하는 용이 쉬어 갔다고 해서 이름 붙여졌다. 용늪은 대암산의 지질 조건과 기후 조건의 영향으로 만들어졌는데, 바위로 된 대암산의 정상부는 영하의 기온을 보이는 달이 5개월가량이며 매우 습하고 한랭한 기후다. 이런 환경이 지속되면 지표면의 암석에 수분이 스며들어 얼고 녹는 과정이 반복되면서 암석이 쪼개지는 과정(기계적 풍화작용)이 나타난다. 부서진 암석들이 홍수 때 아래로 이동하면서 지표면을 깎고, 습지가 형성될 완만하고 우묵한 땅을 만들었다. 또, 부서진 암석들은 물이 빠져나가는 출구를 막아 지표수나 지하수가 배출되지 않고 머물면서 물이 고여 습지식물들이 자라고 식물들이 죽으면 습지 바닥에 쌓였다.

기후는 습하고 영하로 떨어지는 기간이 길어 식물 사체가 잘 분해되지 않고 쌓여 이탄층(泥炭層)이 만들어졌다. 이탄은 습윤지대의 식물 사체가 불완전하게 분해된 것으로, 습한 환경에서 지중동물이나 미생물의 활동이 억제되면서 만들어진다. 용늪의 이탄층은 평균 1m, 가장 깊은 곳은 1.8m가량으로, 4,000~5,100년 전부터 형성되었다고 추정된다. 이탄층 안의 식물 잔해는 한반도의 식생과 기후변화를 연구하는데 매우 중요하다. 용늪을 포함한 대암산과 대우산 일대는 천연기념물(제246호)로 지정·보호하고 있다.

화진포

화진포는 호수 주변에 해당화가 많아 이름 지어졌고, 남한에서 가장 큰 석호다. 석호는 후빙기 해수면 상승으로 해안이 침수되어 만이 형성되면서 그 입구가 사주나 사취(파도와 해류의 작용으로 만의 입구에 형성된 모래톱)로 가로막혀 발달했다. 또, 바다와 육지를 연결하는 중요한 생태통로이며, 민물과 바닷물의 교류로 해양생물과 민물생물이 함께 사는 독특한 곳이다. 8자형의 화진포는 남쪽과 북쪽 호수로 나뉘며, 길이 800m, 폭 300m의 모래해안으로 바다와 분리되어 있다. 북쪽 호수는 폭 20m 정도의 물길로 바다와 연결되어 있다. 뛰어난 자연경관 때문에 김일성, 이승만, 이기붕 등 권력자들의 별장이 많이 들어서 있고, 이곳을 둘러볼 수 있다.

내린천 포트홀 (돌개구멍)

오대산과 계방산 계곡에서 흐르는 내린천은 소양강으로 합류한다. 내린천은 홍천군 내면의 '내(內)'자와 인제군 기린면의 '린(麟)' 자에서 따왔다. 북한강 유역 하천 대부분이 남서 방향으로 흐르는데, 내린천은 북서 방향으로 흐른다. 또 북한강 유역 분지 중 골짜기의 평균 해발고도가 가장 높고, 골짜기의 굽어진 정도가 심한 감입곡류 하천이다. 내린천에서 특징적인 포트홀(돌개구멍)은 단단한 암석 강바닥에 나타난 항아리 모양의 구멍이다. 하천을 이동하던 자갈이 강바닥의 움푹한 부분에 들어가 물과 함께 회전하면서 바위를 갈아서 생긴 다. 보통 포트홀은 하천이 강 아래쪽을 파내려가는 작용(하방침식)이 강한 계곡이나 협곡의 강바닥에 생성된다. 특히 조직이 균질한 화강암과 같은 암석에서 잘 발달하는데 내린천 포트홀 역시 하류의 화강암 지대에 형성되었고, 대부분 오래되어 사라지는 단계. 또, 하천이 흐르는 방향으로 길게 성장하거나 여러 개의 포트홀이 결합하여 한쪽 면이 뜯겨진 형태가 많다.

능파대

파도를 능가하는 돌섬이라는 능파대(凌波臺)는 육계도를 이루는 암석해안에 발달한 대규모 타포니 군락이다. 육계도란 모래더미가 쌓여 육지와 연결된 섬이며, 타포니는 염분에 의한 풍화 환경에서 암석에 벌집처럼 집단적으로 파인 구멍이다. 본래 능파대는 문암해안 앞 암초였는데, 파랑작용이 약해지는 섬 배후에 문암천 하구의 모래가 쌓여 육지와 연결되었다. 지금은 능파대 남측경계를 따라 문암2리 항구가 들어서고, 육계사주 위에 마을이 형성되어 육계도의 원형은 보기 어렵다.

뚜벅뚜벅! 지질트레일을 걸어 봐요!

용암의 땅(철원권역), 유수의 땅(화천, 양구, 인제권역), 파랑의 땅(고성권역)으로 이뤄진 강원평화지역에는 철원 용암대지와 곡운구곡, 두타연, 진부령, 화진포 등 다양한 볼거리와 이야기가 숨어 있다. 우리 땅의 신비와 감동뿐 아니라 DMZ 접경지역에서 평화의 중요함도 되새기면서 지질트레일을 걸어 보자.

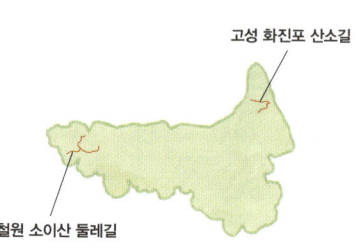
고성 화진포 산소길
철원 소이산 둘레길

철원 소이산 둘레길

● 3.5km / 2시간 30분 소요

소이산 정상에서 드넓게 펼쳐진 철원 용암대지를 한눈에 감상할 수 있는 탐방로다. 산 정상에는 고려시대부터 통신수단으로 사용했던 봉수대가 있다. 철원을 새 도읍지로 만들어 강대한 나라를 꿈꿨던 궁예의 꿈과, 휴전선 철책에도 아랑곳하지 않고 남북을 자유롭게 나는 철새들의 이야기에도 귀 기울여 보자.

①새우젓고개 ⋯ ②수도국지 ⋯ ③소이산 전망대 ⋯ ④노동당사

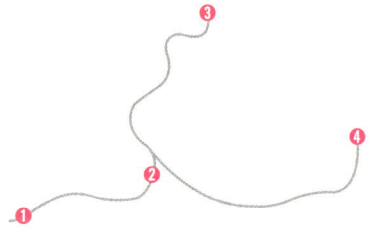

수도국지

소이산 전망대

노동당사

고성 화진포 산소길

● 3.5km / 2시간 30분 소요

아름다운 호수의 풍경과 함께 울창하게 이어진 송림, 끝없이 펼쳐지는 동해 바닷가를 동시에 즐길 수 있는 탐방로다. 화진포의 남호와 북호, 동해바다의 수평선까지 한눈에 바라볼 수 있는 126.5고지의 경관은 산소길의 으뜸이다. 1900년대 초부터 외국인 선교사들이 별장을 짓고, 한국전쟁 전후로 권력자들이 즐겨 찾았던 별장도 만날 수 있다.

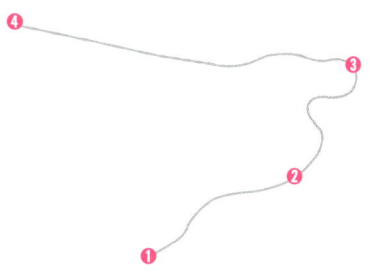

① 공군부대 입구 ⋯ ② 126.5고지 ⋯ ③ 김일성 별장 ⋯ ④ 이승만 별장

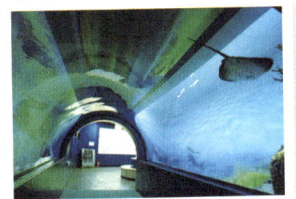
화진포 해양박물관

화진포

화진포의 성(김일성 별장)

이기붕 별장

이승만 별장

* 이 밖에도 한여울길, 만산동 계곡길(화천), 파로호 산소길, 펀치볼 둘레길, 10년 장생길, 기룡산 둘레길이 있다.
* 더 자세한 정보는 철원군청 문화관광(http://tour.cwg.go.kr), 고성군청 문화관광(http://tour.gwgs.go.kr/)에서 알 수 있다.

지질명소와 함께 보면 더 좋은 곳

강원평화지역은 지질학적 가치가 높은 지질명소와 함께 잘 보존된 자연생태계가 있고, 현대사의 아픔까지 고스란히 간직하고 있는 매우 특별한 곳이다. 지질과 자연, 평화와 안보, 역사와 문화까지 다양한 주제를 한꺼번에 만날 수 있는 세계에서 유일한 곳, 강원평화지역으로 떠나 보자.

DMZ 박물관

지구상에 남아 있는 유일한 분단국의 상징인 DMZ를 테마로 하여 1950년 한국전쟁 발발 전후의 모습과 휴전협정으로 탄생한 휴전선의 역사적 의미, 이산가족의 아픔, 계속된 군사적 충돌, 60년 간 사람의 손길이 닿지 않아 원형 그대로 보존되어 있는 생태환경 등을 전시물과 영상물로 생생하게 만날 수 있다. 더불어 남북평화 협력과 미래에 다가올 통일의 시대에 대해서도 생각해 볼 수 있다.

위치 강원도 고성군 현내면 통일전망대로 369
관람안내 033-681-0625 | **관람시간** 9~18시
홈페이지 http://www.dmzmuseum.com

양구선사박물관

양구를 중심으로 북한강 유역에서 발굴조사된 선사유적을 소개하는 박물관이다. 양구 상무룡리 구석기유적, 양구 고대리·공수리 청동기시대 유적, 양구 해안 만대리 선사유적 등과 춘천, 화천, 홍천, 인제 등 북한강 유역에서 발굴된 유물도 만날 수 있다. 또, 삼엽충 화석전시실과 향토사료관, 고인돌공원도 있다.

위치 강원도 양구군 양구읍 금강산로 439-5
관람안내 033-480-2677 | **관람시간** 9~18시
홈페이지 http://www.ygpm.or.kr/

강원평화지역 국가지질공원 학습관

강원도 지역별로 위치한 지질공원 학습관에서 다양한 지질 정보를 얻을 수 있다.

지오파크관 강원도 양구군 해안면 태안서화로 35
철원군 지질공원 학습관 강원도 철원군 동송읍 태봉로 1799-8 철의삼각전적관 내
화천군 지질공원 학습관 강원도 화천군 간동면 어룡등길 366 토속어류생태체험관 2층
양구군 지질공원 학습관 강원도 양구군 방산면 두타연로 8 두타연갤러리 내
인제군 지질공원 학습관 강원도 인제군 인제읍 인제로 156번길 50 산촌민속박물관 2층
고성군 지질공원 학습관 강원도 고성군 토성면 성대로 438 거대한농부상 3층 전시

* 강원평화지역 국가지질공원 http://dmzgeopark.com

흥미진진! 오감으로 즐겨 봐요!

안보견학(고석정 출발 안보투어)
분단의 현실을 절절하게 느낄 수 있는 제2땅굴과 철원평화전망대, 철원두루미관과 월정리역까지 우리 현대사에 벌어졌던 전쟁의 아픔과 평화의 중요성을 마음속에 다시 한 번 되새겨 보자. 이 밖에도 백마고지역 출발 안보투어, 승리전망대 투어, DMZ 트레일 등 비무장지대를 둘러보는 다양한 안보투어가 있다.

체험코스 고석정-제2땅굴-철원 평화전망대-철원두루미관, 월정리역(3시간 소요)
체험장소 강원도 철원군 동송읍 태봉로 1825
체험안내 033-450-5559(관광안내소) | **체험비** 유료
홈페이지 http://hantan.cwg.go.kr(철원군청 문화관광 철원군 시설물관리사업소)

한탄강 래프팅
고무배를 타고 노를 저으며 골짜기와 강의 급류를 타는 래프팅은 자연과 더불어 즐기는 멋진 스포츠다. 특히 한탄강은 래프팅 마니아에게 인기가 높은데, 현무암지대가 침식되어 만든 순담계곡은 20~30m의 깎아지른 협곡이 그랜드 캐니언을 떠올릴 정도로 멋지다. 여럿이 힘을 모아 급류를 즐기면서 협동심과 인내심을 기르고 지질공원의 멋진 풍경도 감상해 보자.

체험코스 한탄강 승일교, 순담, 군탄교, 직탕폭포 등 다양한 코스가 있다.
체험비 유료 | **홈페이지** http://tour.cwg.go.kr
* 래프팅 업체 연락처는 철원군청 문화관광 홈페이지를 참고하면 된다.

에코스쿨
화천댐이 생기면서 육로가 막혀 오지 중의 오지가 된 '육지 속의 섬마을' 비수구미에서 자연을 체험하고 힐링할 수 있는 에코스쿨 생태체험장이 있다. 사람의 손길이 닿지 않은 깨끗한 자연과 한가로운 마을 풍경을 오랫동안 바라보며 새소리와 물소리, 바람소리에 몸을 맡겨 온전히 자연과 하나가 되어 보자.

체험장소 화천군 화천읍 비수구미길 972(구 수동분교) | **체험안내** 033-440-2319
체험시설 생태습지, 생태텃밭, 자가발전운동기구, 생태연못, 야영데크 등
홈페이지 http://eco-school.ihc.go.kr
* 한뼘길 걷기: 평화의 댐-(8km)-수동체험장-(7.3km)-모일체험장(6km)-월하문학관

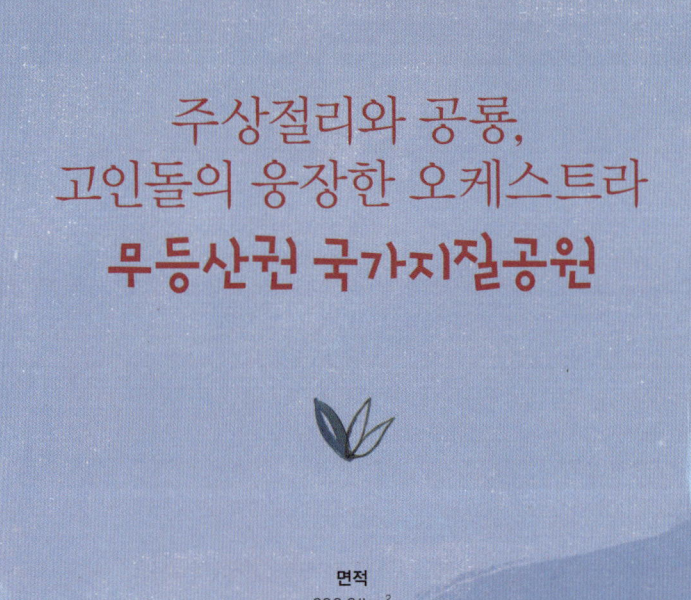

주상절리와 공룡,
고인돌의 웅장한 오케스트라
무등산권 국가지질공원

면적
296.31km²
(광주광역시 133.71km², 화순군 95.18km², 담양군 12.7km²)

대상지역
광주광역시, 전라남도 화순군, 담양군

지정
2014년 12월 10일 국가지질공원 인증

지질명소
23개소

무등산이 연주하는
불과 얼음의 노래를 들어 봐요

● '등급을 매길 수 없는 산', '무수한 돌의 산', '아름답고 빛나는 빛고을 광주의 서석산' 등 무등산 이름은 다양한 뜻을 품고 있다. 호남정맥의 중심에 솟은 무등산은 광주광역시와 화순군, 담양군에 걸쳐 자리 잡고 있으며, 둥그스름한 형태로 유순하고 듬직하며 덕스러운 산이라 많은 이들이 아끼고 즐겨 찾는 명산이다. 때로 이 산은 신앙의 대상이 되었고, 저항과 민중의식의 상징이 되었다.
무등산권역은 한반도 서남부 일대의 화산활동을 이해할 수 있는 대표 지역으로 광주, 화순, 담양을 중심으로 최소 3번 이상의 화산 분출이 있었다. 백마능선이 형성된 1차 분출(8,700만 년 전), 신선대가 형성된 2차 분출(8,700~8,500만 년 전), 무등산 정상3봉과 서석대, 입석대가 솟아 오른 3차 분출(8,500만 년 전) 이후 지금의 무등산과 그 일대의 지형이 만들어졌다.
무등산의 가장 큰 특징은 산봉우리에 솟아오른 거대한 주상절리대인데, 무등산 정상3봉, 서석대, 입석대, 광석대, 신선대, 덕산너덜 등에 나타나고 있다. 이 주상절리대는 해발고도 750m 이상 높은 곳에, 최소 11km^2 이상의 거대한 규모로 우뚝 솟아 있고 분포 규모와 단일 면적, 다양한 모양까지 세계 어디에서도 보기 드문 특징을 가지고 있다. 산 곳곳에 널리 분포하고 있는 암괴류(돌서렁, 너덜경)는 국내 최대의 밀집도를 가진다.
무등산권역의 암석은 무등산응회암인데, 이는 화산폭발 때 나온 화산재를 화산의 뜨거운 환경이 녹이고, 녹은 화산재가 다시 굳어져서 만들어졌다. 이 무등산의 바위들은 빙하기 시대부터 얼고 녹기를 반복하면서 조금씩 깎이고 다듬어졌고, 바위에서 떨어져 나온 것은 너덜지대를 이루었다. 이를 통해 빙하기 후기 지구변화의 역사와 우리나라 고기후를 연구할 수 있는 매우 의미 있는 곳이다.

● 입석대와 서석대의 중간에 있는 승천암(주상절리)에 전해지는 설화가 있다. 스님이 암자에서 불공을 드리는데, 새끼를 밴 산양이 갑자기 뛰어 들었다. 산양은 이무기를 피해 암자로 들어왔고, 스님은 산양을 숨겨 주었다. 그날 밤 잠을 자던 스님에게 이무기가 찾아와 몸을 칭칭 감고 혀를 날름거리며 새벽까지 종이 울리지 않으면 산양 대신 스님을 잡아먹고 승천하겠다고 위협했다. 그런데, 새벽이 되자 아무도 없는 암자의 종이 울리고, 이무기는 스님을 풀어주고는 하늘로 올랐다. 그때 하늘로 올랐던 바위가 승천암이다. 스님이 종각으로 가 보니 산양이 피를 흘리며 신음하고 있었고, 스님은 정성껏 치료하여 새끼를 낳게 도왔다. 무등산에는 수많은 바위가 있는데, 산양의 영혼이 바위로 변해 영원히 이 산에 남게 되었다고 한다.

지질명소를 찾아가요!

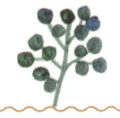

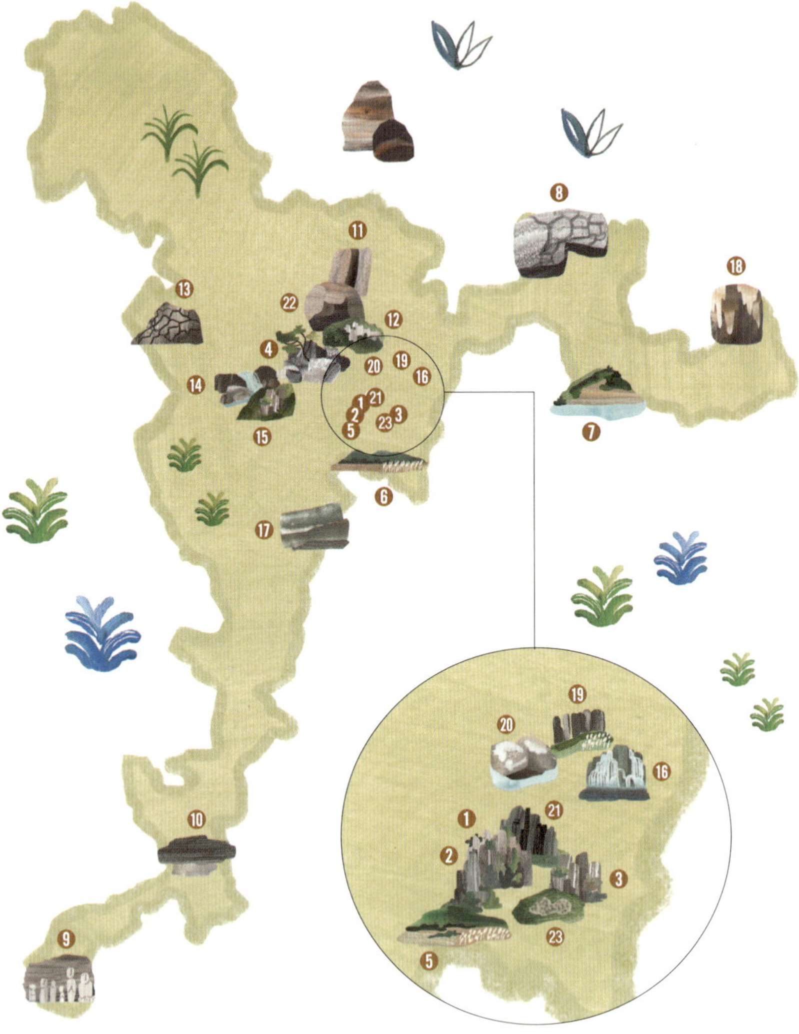

8
11
18
13
22
12
4
20
19
16
14
21
1
2
3
23
5
7
15
6
17
10
9
19
20
16
21
1
2
3
23
5

❶ 서석대
광주광역시 동구 용연동 산354-1
탐방안내 062-613-7852
          (광주 푸른도시사업소 지질공원팀)
홈페이지 mudeung.knps.or.kr

❷ 입석대
전라남도 화순군 이서면 영평리 산 96
탐방안내 062-613-7852
          (광주 푸른도시사업소 지질공원팀)

❸ 광석대
전라남도 화순군 이서면 영평리 산 88-1
탐방안내 062-613-7852
          (광주 푸른도시사업소 지질공원팀)

❹ 덕산너덜
광주광역시 동구 운림동 산132-1
탐방안내 062-613-7852
          (광주 푸른도시사업소 지질공원팀)

❺ 장불재
광주광역시 동구 용연동 354-1,
전라남도 화순군 이서면 영평리 산96
탐방안내 062-613-7852
          (광주 푸른도시사업소 지질공원팀)

❻ 백마능선
광주광역시 동구 용연동 산354-4
전라남도 화순군 화순읍 수만리 산 100-6 외 3필지
탐방안내 061-379-3501~5(화순군청 문화관광과)

❼ 적벽
전라남도 화순군 이서면 창랑리 산1-1
탐방안내 061-379-3501~5
          3~11월 투어 가능(화순적벽투어)
관람요금 유료
홈페이지 tour.hwasun.go.kr

❽ 서유리 공룡화석지
전라남도 화순군 북면 서유리 산150-1
탐방안내 061-379-3501~7(화순군청 문화관광과)

❾ 운주사 층상응회암
전라남도 화순군 도암면 용강리 산7
탐방안내 061-379-3501~7(화순군청 문화관광과)

❿ 화순고인돌 장동응회암
전라남도 화순군 도곡면 효산리 1207
춘양면 대신리 산148
탐방안내 061-379-3501~7(화순군청 문화관광과)

⓫ 충효동 점토광물산지
⓬ 의상봉
⓭ 무등산 광주화강암
⓮ 증심사계곡 안삼암질용암
⓯ 새인봉
⓰ 시무지기폭포
⓱ 만연사 원생대 화강편마암
⓲ 백아산 석회동굴
⓳ 신선대와 억새평전
⓴ 무등산 풍혈
㉑ 무등산정상3봉
㉒ 윤필봉 자연동굴
㉓ 지공너덜

관람시간과 관람요금 등은 현지 사정에 따라 변경될 수 있다.
더 많은 것이 궁금하다면 무등산권 국가지질공원 홈페이지
(http://geopark.gwangju.go.kr) 참고.

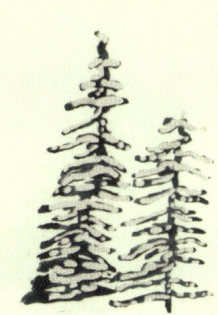

두근두근! 지질명소를 알아봐요!

무등산은 주민들과 지방자치단체, 언론사가 함께 협력하면서 지켜왔다. 주민들은 무등산환경보호단체연합회를 만들어 환경캠페인과 교육, 생태계 복원운동을 30년 동안이나 벌였고, 광주의 방송국과 신문사는 무등산 기사와 환경캠페인을 꾸준히 보도했다. 이들이 소중하게 지켜 온 무등산권의 지질명소 23곳 중 대표적인 10곳을 만나 보자.

서석대 대규모 돌기둥이 병풍처럼 우뚝 솟아 있는 서석대(해발 1,050m)는 무등산의 대표적인 주상절리대로, 약 8,500만 년 전 중생대 백악기에 형성되었다. 지상에 노출된 면적만 해도 높이 약 30m, 너비 1~2m의 돌기둥 200여 개가 300~400m에 솟아 있는데, 주상절리의 윗부분은 사각형, 오각형, 육각형 등 다각형을 이루고 있고, 사면은 가파르며 서쪽으로 약간 기울어진 모양도 있다.

주상절리는 화산 분출 후 용암과 화산쇄설물이 오랜 기간에 걸쳐 냉각되고 수축되면서 표면이 다각형이 된 것이다. 그런 이유로 다른 지역의 주상절리는 대개 신생대 현무암으로 바닷가에 나타나는데, 무등산 주상절리대는 중생대 응회암으로 형성되었고, 높은 산 곳곳에 솟아 있는 특징이 있다. 노을이 들 때 햇빛이 반사되면 서석대가 수정처럼 반짝거려서 '서석의 수정병풍'이라 하며, 이런 풍경 때문에 예전에는 무등산을 서석산이라 불렀다.

5월 하순쯤 철쭉이 피면 기암절벽과 어울려서 아름답고, 겨울에 눈꽃 같은 상고대와 어우러진 풍경도 무척 아름답다. 무등산 3대 주상절리대인 서석대와 입석대, 광석대 모두 중생대 백악기에 형성되었고, 서석대는 입석대와 함께 천연기념물(제465호)로 지정되었다.

입석대 장불재에서 동쪽으로 400m쯤 오르면 정상의 서쪽으로 해발 1,017m 지점에 마치 석공이 먹줄을 튕겨 세운 듯 돌기둥이 줄줄이 열을 지어 늘어서 있는 입석대를 볼 수 있다. 약 8,500만 년 전에 솟아 올라 오랜 시간 쪼개지고 깎이고 눕고 하여 오늘의 장엄한 모습이 되었는데 이러한 과정은 지금도 진행되고 있다.

약 40여 개의 돌기둥이 폭 약 120m, 높이 약 20m 정도로 발달되어 있으며, 무등산응회암으로 이루어져 있고 세립질 화강암이 관입되어 있다. 입석대의 주상절리대는 칼데라 내부 화성쇄설층으로 이루어져 있으며, 용암에 의해 형성되었을 것으로 추측된다.

광석대   서석대, 입석대와 함께 무등산을 대표하는 3대 주상절리대이다. 해발고도 약 950m, 무등산 정상에서 남동쪽으로 약 800m 정도 떨어진 지점에 있다. 규봉암을 중심으로 병풍처럼 에워싸고 있는 수십여 개의 주상절리대는 화산폭발 때 분출된 화성쇄설물이 퇴적되어 만들어진 것이다. 주상절리대를 이루는 암석은 무등산응회암이며, 크기는 높이 약 30~40m, 최대 너비 약 7m로 세계적으로 유례를 볼 수 없는 규모이다.

불재를 지나 규봉까지 펼쳐지는 지공너덜, 인계너덜이 유명하다.

덕산너덜   마치 거대한 돌무더기 밭 같은 덕산너덜은 동화사터와 중봉 사이 능선에 있는 무등산 주상절리대가 무너지며 형성되었다. 너덜은 주상절리나 암석의 덩어리가 오랜 풍화작용으로 부서지고 무너져 산의 경사면을 따라 흘러내린 돌무더기다. 이를 암괴류(talus), 너덜겅이라고도 한다. 덕산너덜은 국내 최대(길이 600m, 폭 250m) 규모로, 주빙하기(빙하 기후 주변에 나타나는 기후) 이후 형성된 지구환경 변화의 산교육장이다.

이 너덜은 화산활동이 활발했을 때, 화산재가 쌓여 무등산의 정상부가 만들어지고, 이후 빙하기를 거치면서 정상부의 암석이 얼고 녹기를 반복하며 기반암이 깨져 산사면으로 흘러내린 것이다. 무등산에는 이런 너덜이 곳곳에 있는데, 동화사터에서 토끼등 방향으로 발달하는 덕산너덜, 장

장불재   억새 군락이 장관을 이루는 장불재는 무등산을 오르면 꼭 거쳐야 하는 고개이다. 광주시와 화순군의 경계가 되는 곳으로, 화순군 이서와 동복 사람들이 광주에 오려면 이 고개를 넘어야 했다. 장불재는 평탄면 내에 경사가 급한 단애와 완만한 사면이 교대로 나타나는데, 이 사면은 과거 주빙하 기후의 영향으로 암반 내의 물이 겨울에 얼고 초봄에 녹는 현상(동결융해)을 반복하면서 평탄화 과정을 겪은 것이다. 장불재가 형성된 시기는 약 5~6만 년 전이고, 무등산 정상부의 입석대와 연결되어 있어 이곳이 어떻게 변화했는지를 알 수 있다.

'문헌비고'에서는 장불치, '동국여지승람'에는 장불동이라 적혀 있는데, 지역 사람들은 장불재라고 불렀다. 이은상은 무등산기행에서 '장골은 긴

골이며, 그 골 위에 있는 고개라 하여 장골재라 불렀는데, 장불사가 생기면서 장불치라 불렸던 것 같다'고 했다.

백마능선 장불재에서 안양산 일대에 걸쳐 있는 800~900m 백마능선이 약 2.5km에 걸쳐 이어져 있다. 백마능선은 최후빙기 당시 빙하에 의해 사면이 깎이면서 형성되었고, 빙하에 의한 평탄화작용(cryoplanation)의 영향을 받은 직접적인 증거이다. 말 잔등처럼 미끈하게 뻗어 있는 형상에 주변으로 자라나는 억새들이 마치 말의 갈기와 비슷하게 보여 백마능선이라 이름 붙여졌다. 가을철 단풍이 물들기 시작할 무렵이면 억새가 하얀 꽃을 피워 바람에 하늘거리며, 파란 가을 하늘과 어우러지는 풍경이 매우 아름다워 해마다 많은 이들이 찾는 명소이다.

적벽 화순 적벽은 동복댐 상류에서 약 7km 구간에 이어진 아름다운 절벽 경관으로 물염적벽, 창랑적벽, 보산적벽, 장항적벽(일명 노루목 적벽)을 말한다. 1519년 기묘사화 후 동복으로 유배 왔던 신재 최산두가 이곳의 절경이 중국의 적벽보다 아름답다 하여 적벽이라 이름 지었다. 보통 화순 적벽이라고 하면 규모가 가장 큰 노루목 적벽을 말하는데, 노루목 적벽은 폭 300m, 높이 70m에 이르렀으나

동복댐을 건설하면서 절반 정도가 물에 잠겼다. 이곳은 백악기 퇴적층 내 층리면(최장 23km)이 넓은 면적에 잘 발달되어 있어 당시의 고환경을 알려준다. 무등산 일대 암층 중에서 연대가 가장 오래됐으며, 시도기념물(제60호)로 지정되었다. 적벽이 있는 동복댐은 광주시민의 식수원이라 일반인의 출입을 통제했다가 2014년 10월, 약 30년 만에 화순적벽을 부분 개방했다. 조선 중종 때 물염 송정순이 물염정이라는 정자를 지었고, 이곳에 많은 시인 묵객들이 찾아와 시를 지었다고 한다. 1777년 화순 현감인 아버지를 따라 왔던 다산 정약용(당시 16세)도 적벽에서 시를 읊었고, 방랑 시인 김삿갓(김병연)도 수차례 찾아와 적벽을 노래했다고 전해진다.

서유리 공룡화석지 화순온천지구의 서유리 공룡화석지는 전남 내륙 지방에서는 처음 발견된 공룡 발자국 화석산지다. 공룡 보행렬이 약 70개 이상, 공룡 발자국 화석 1500여 개도 잘 보존되어 있다. 그중 대부분이 육식공룡(수각류)의 발자국으로, 한 지역에 집중해서 매우 길게 나타나고 있다. 공룡의 최장 평균 보행렬이 45m로 나타나는데, 세계에서도 매우 희귀한 사례로 백악기 공룡들의 생태환경을 알 수 있는 자료가 된다.

이 지역은 중생대 백악기 육성퇴적분지 중 하나인 능주분지이며, 장동층(장동응회암)이 분포하고

있다. 또한 유네스코 지정 세계자연유산 잠정목록에 포함된 한국백악기공룡해안 5개 지역 중 하나로, 2007년 천연기념물(제487호)로 지정했다.

운주사 층상응회암

화순군 천불산에 있는 운주사에는 응회암 절벽 노두(지층의 일부가 땅 위로 드러난 것)가 수 m 높이에 드러나 있고, 그 앞에는 크기도, 얼굴도 각양각색인 불상들이 있다. 이웃의 얼굴인 양 소박하고 친근한 불상의 배치와 제작기법은 다른 곳에서는 찾아볼 수 없는 특별한 가치가 있다. 이 불상들은 납작한 판상의 암석에 새겨져 있는데, 불상을 비롯한 석조물들은 고려시대에 만들어진 것으로 모두 사찰 주변의 층상응회암을 사용했다.

운주사 층상응회암은 중생대 백악기에 형성된 층이고, 층리가 잘 발달된 녹회색 라필리 응회암이다. 이 응회암은 주요 층리면들이 안정되고 수 cm 두께로 쪼개진다. 거의 모든 암편들이 모가 나 있고, 풍화에 약하고 치밀하지 못하다. 이 층상응회암의 화산쇄설물과 층리면을 살펴보면 이곳 주변에 화구가 있었으며, 폭발과 폭발 사이의 휴지기가 있었다는 것을 알 수 있다.

화순고인돌 장동응회암

화순에는 청동기 시대의 대표적인 무덤양식인 남방식 고인돌이 총 596기나 분포되어 있다. 전 세계에서도 고인돌 크기와 밀집도가 매우 높은 유적지다. 화순 대신리에 319기, 효산리에 277기의 고인돌이 남아 있다. 100톤 이상이 넘는 수십 개의 고인돌과, 200톤이 넘는 세계 최대의 고인돌인 '핑매바위'도 있다. 이외에도 최근 완형 간돌검 등 다양한 유적이 발굴되었다. 이런 가치를 인정받아 2000년 '고창·화순·강화 고인돌유적'이 세계문화유산으로 등재되었고, 사적(제410호)으로 지정되었다.

고인돌을 쌓을 때 필요한 덮개돌을 떼어낸 채석장도 5곳이 있다. 채석장의 돌은 백악기 장동응회암이고, 노두 형태로 드러나 있는데 노두의 높이는 40~50m, 길이는 2km나 된다. 노두가 가장 잘 드러나는 채석장은 마당바위, 각시바위, 감태바위 3곳이다. 채석장에는 암석을 떼어낸 것으로 보이는 쐐기 흔적이 있는데, 이곳에서 암석을 분리하여 이동했다는 것을 추정할 수 있다. 화순 곳곳에 흩어져 있는 고인돌의 분포를 보면 여기서 떼어낸 암석을 고인돌로 이용한 것으로 보인다. 이것은 지질학적, 역사학적 연구 가치가 매우 높다.

뚜벅뚜벅! 지질트레일을 걸어 봐요!

무등산 자락을 천천히 오르다 보면 마치 숨바꼭질하듯 무등산이 숨겨 둔 지질명소가 울창한 숲속에서 하나씩 등장한다. 탁 트인 전망과 함께 웅장한 지질명소를 만날 수 있는 원효사 지구와, 오래된 사찰 증심사 계곡을 따라 깊은 숲속으로 안내하는 증심사 지구가 있다. 서로 다른 매력과 주제를 품고 있는 지질트레일을 걸어 보자.

증심사 지구

● 4.9km / 2시간 소요

증심사는 통일신라시대 철감선사가 창건하고 조선시대 김방이 중수한 오래된 사찰이다. 이 코스는 증심사가 있는 계곡에서 출발하여 지질공원 탐방안내센터에서 지질명소 정보를 얻은 뒤, 드넓은 돌무더기 밭이 펼쳐지는 덕산너덜과 바람재, 늦재삼거리까지 한적하게 걸을 수 있는 길이다.

①증심사 지구 탐방안내센터 ⋯ ②증심교 ⋯ ③토끼등 ⋯ ④덕산너덜 ⋯ ⑤바람재 ⋯ ⑥늦재삼거리 ⋯ ⑦원효사 지구 탐방안내센터

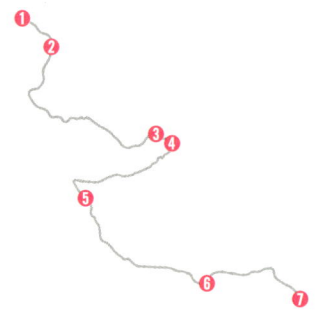

증심사

덕산너덜

바람재

원효사 지구

● 15.4km / 5시간 소요

원효사 지구 탐방안내센터에서 시작하여 서석대, 입석대를 거쳐 장불재와 광석대로 이어지는 코스로 무등산권 지질공원의 대표적인 지질탐방로다. 원효사 입구에서 물통거리, 주검동 유적, 제철유적지 등 역사문화 유적지를 즐기며 걷다 보면 어느덧 해발 1,000m 높이의 서석대와 입석대, 그리고 광석대까지 무등산 3대 주상절리를 차례차례 만날 수 있다.

원효사 지구 탐방안내센터 ⋯ ①목교 ⋯ ②서석대 ⋯ ③입석대 ⋯ ④ 장불재 ⋯ ⑤광석대 ⋯ ⑥시무지기폭포 ⋯ ⑦의상봉 ⋯ 원효사 지구 탐방안내센터

서석대

입석대

광석대

시무지기폭포

의상봉

원효사

지질명소와 함께 보면 더 좋은 곳

무등산 지질공원에는 놓치기엔 아까운 볼거리들이 곳곳에 있다. 지질명소와 함께 보면 더 좋은 국립광주과학관과 국립아시아문화전당, 기후변화체험관에서 과학과 예술, 환경과 기후의 관계를 알아보고 이해하는 특별한 여행을 떠나 보자.

국립광주과학관

'빛, 예술, 과학'을 주제로 한 국립광주과학관은 우주선 모양을 닮은 건물 안에 체험 중심의 다양한 전시물로 꾸몄다. 빛과 예술, 과학이 만나는 전시관에서 오감으로 체험하면서 상상력과 창의력을 키우고 과학에 대한 이해와 호기심도 키울 수 있다. 첨단과학시설을 갖춘 상설전시관과 어린이관, 천체투영관, 3D관, 이동천문대 등이 있다.

위치 광주광역시 북구 첨단과기로 235 | **관람안내** 062-960-6210~2
관람시간 9시30분~17시30분(월요일 휴관)
홈페이지 http://www.sciencecenter.or.kr

국립아시아문화전당

아시아를 비롯한 전 세계에서 모여 문화교류를 하고 창작, 교육, 연구를 함께하며 문화 콘텐츠를 제작하고 전시, 공연, 유통하는 복합문화예술기관이다. 문화정보원, 문화창조원, 예술극장, 어린이문화원 등에서 다채로운 공연과 전시, 행사를 열고 어린이와 청소년, 성인까지 누구나 문화와 예술이 어우러지는 멋진 경험을 할 수 있다.

위치 광주광역시 동구 문화전당로 38 | **관람안내** 1899-5566
관람시간 10~18시(내부시설), 8~22시(외부시설)
홈페이지 https://www.acc.go.kr

사진 : 국립아시아문화전당 제공

담양 호남기후변화체험관

대나무와 메타세쿼이아 길로 유명한 담양의 호남기후변화체험관은 사각형 대바구니를 형상화한 외형에, 지열에너지와 태양광에너지를 이용해 냉난방을 하고 조명을 켜는 친환경 건물이다. 2014년 '담양에서 지구환경의 희망을 발견하다'라는 모토로 개관했으며, 기후변화 현상과 원인을 이해하고 경험할 수 있는 전시체험관, 3D영상관, 교육실, 북카페, 정보검색실 등이 있다.

위치 전라남도 담양군 담양읍 메타세쿼이아로 45
관람안내 061-380-2956 | **관람시간** 9~18시(연중무휴)
홈페이지 http://gihoo.damyang.go.kr

* 광주광역시 문화관광 http://tour.gwangju.go.kr
* 화순군청 문화관광 http://www.hwasun.go.kr
* 담양군청 문화관광 http://www.damyang.go.kr

흥미진진! 오감으로 즐겨 봐요!

조물조물 나만의 지질구조 만들기
우리가 사는 지구는 어떤 모양일까? 딱딱한 땅도 모양이 변해요! 조물조물 나만의 지질구조 만들기 등 지질구조를 직접 만들어 보는 어린이 체험 프로그램이다. 더불어 물의 정화과정 알아보기, 편백나무 숲의 피톤치드 체험하기, 침엽수와 활엽수 알아보기, 수생식물과 곤충 관찰하기, 우리가 먹는 수돗물 이야기 등 지질과 나무, 물에 대한 다양한 이해와 체험을 할 수 있다.

체험장소 무등산권국가지질공원 탐방안내센터(증심사 지구, 광주호 호수생태원)
체험안내 062-613-7852 | **체험시기** 3~11월, 2시간(실내 1시간+야외 1시간)
체험대상 유치원생~초등 2학년 | **체험비** 무료(예약 필수)

선사체험
타임머신을 타고 고인돌을 만들었던 선사시대로 돌아가 볼까? 세계문화유산으로 지정된 화순 고인돌 유적지에는 다양한 고인돌이 모여 있고, 수렵과 채집을 했던 선사시대 사람들의 삶을 체험할 수 있도록 선사체험장을 운영하고 있다. 거친 환경을 이겨내며 용맹하게 살았던 선사시대 사람을 체험해 보자.

체험 프로그램 선사시대 사람들의 생활모습 재현, 선사인의 의식주, 선사인의 도구 제작과 사용 체험(수렵, 어로, 채집), 고인돌 이동 체험 행사
체험장소 화순 고인돌 유적지 내 선사체험장(도곡면 효산리 64번지)
체험안내 062-651-3701((재)고대문화재연구원 문화사업실 고대문화재연구원)
체험시기 매년 3~11월 | **체험비** 입장료 무료, 재료비 유료 | **홈페이지** www.dolmen.or.kr

고인돌 문화체험관
고인돌문화체험관이 있는 화순군 춘양면 대신리 지동마을에는 고인돌을 활용한 판화, 선사미술, 전통체험 같은 다양한 체험을 할 수 있다. 체험관 주변에는 실제 발굴된 고인돌의 원형을 보존하기 위한 고인돌보호각이 있어 고인돌을 가까이에서 관찰할 수 있다.

체험 프로그램 선사예술 체험(문양, 캐릭터, 목판), 전통놀이
체험장소 화순고인돌 문화체험관(전남 화순군 춘양면 대신리 지동길 20)
체험안내 062-651-3701((재)고대문화재연구원 문화사업실)
체험시기 매년 3~11월(매주 토·일요일, 10~16시) | **체험비** 유료

강과 용암대지의 합작품,
고인돌의 웅장한 오케스트라
한탄·임진강 국가지질공원

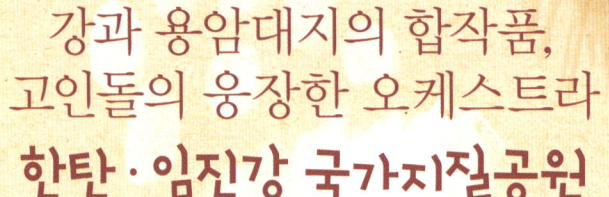

면적
766.68km²
(포천시 493.3km², 연천군 273.3km²)

대상지역
경기도 포천시, 연천군

지정
2015년 12월 31일

지질명소
20개소

한탄강과 임진강의 합창,
강의 노래를 들어 봐요

● 　우리나라 최초로 강을 중심으로 형성된 한탄·임진강 지질공원은 화산지형과 하천지형의 특징이 함께 공존하면서 독특하고 아름다운 지형을 이루고 있다. 강원도 평강군(북한) 장암산 남쪽 계곡에서 발원하여 남쪽으로 흐르는 한탄강은 휴전선을 지나 철원군과 포천시를 차례로 지나며 134.5㎞를 흘러 임진강과 뜨겁게 만난다. 6·25전쟁 중 다리가 끊겨 후퇴하지 못한 사람들이 '한탄하며 죽었다'고 하여 한탄강이라고 알려졌지만, 실제 의미는 '크다·넓다·높다'라는 한(漢)과 '여울·강·개'라는 뜻을 가진 탄(灘)이 어울린 순수한 우리말을 한자의 음을 빌려 표기한 것이다.

임진강은 함경남도 덕원군 마식령 산맥에서 발원하여 황해북도 판문군과 경기도 파주시 사이에서 한강을 만나면서 254㎞를 유유히 흘러 황해로 접어든다. 옛날에는 더덜나루(다달나루)라 하였는데, 이것을 한자로 표기하면서 임진강이라 불렀다. 임진강의 '임(臨)'은 '더덜', '다닫다(다다르다)'라는 뜻이고, '진(津)'은 '나루'다.

한탄강과 임진강 일대에는 원생대의 변성암과 중생대 초기(트라이아이스기)~중기(쥐라기)의 퇴적암과 화강암 등이 아주 넓게 분포하고 있다. 또, 중생대 말기(백악기)~신생대 초기(고제3기)의 화산암과 퇴적암 등도 일부 지역에 분포한다. 이 암석 위를 신생대 제4기의 한탄강 용암이 뒤덮었다. 옛 한탄강이 흐르던 자리의 대부분과 계곡, 낮은 평야지대를 한탄강 용암이 메워 넓은 용암대지를 만들었다. 이렇게 한탄강 용암대지가 만들어진 후 다시 오랜 세월 풍화와 침식작용이 일어나 새롭게 운반된 퇴적물과 토양이 이 용암대지를 덮었는데, 이것을 '전곡층'이라 한다.

전곡층에는 연천 전곡리 유적(사적 제268호)과 포천 영송리 선사유적(경기도 기념물 제140호) 같은 고고학적 가치가 높은 유물과 유적들이 많이 발견된다. 또, 동아시아 최초로 구석기시대의 주먹도끼가 한탄강변에서 발견되었는데, 이것을 고고학 분야에서 세계적인 발견이라고 한다. 이렇게 이 일대는 구석기와 신석기, 역사시대를 거쳐 오늘날까지 우리나라 인류의 역사와 활동을 연구하는데 중요한 가치가 있는 땅이다.

지질명소를 찾아가요!

❶ 대교천 현무암 협곡
경기도 포천시 관인면 냉정리 1101
탐방안내 031-538-2312, 3027
　　　　　(포천시 관광테마조성과)

❷ 화적연
경기도 포천시 영북면 자일리 산 115
탐방안내 031-538-2312, 3027
　　　　　(포천시 관광테마조성과)

❸ 교동 가마소
경기도 포천시 관인면 창동로 1037번길 33
탐방안내 031-538-2312, 3027
　　　　　(포천시 관광테마조성과)

❹ 비둘기낭폭포
경기도 포천시 영북면 대회산리 415-2
탐방안내 031-538-2312, 3027
　　　　　(포천시 관광테마조성과)

❺ 아트밸리와 포천석
경기도 포천시 신북면 아트밸리로 234
탐방안내 031-538-3485
　　　　　(아트밸리사업소)
관람시간 9~21시
관람요금 유료
홈페이지 http://www.artvalley.or.kr

❻ 재인폭포
경기도 연천군 연천읍 부곡리 193
탐방안내 031-839-2041
　　　　　(연천군청 전략사업실)

❼ 아우라지 베개용암
경기도 포천시 창수면 신흥리 산 209-1
경기도 연천군 전곡읍 신답리 산 98
탐방안내 031-538-2312, 3027
　　　　　(포천시 관광테마조성과)
　　　　　031-839-2041
　　　　　(연천군청 전략사업실)

❽ 좌상바위
경기도 연천군 전곡읍 신답리 307
탐방안내 031-839-2061
　　　　　(연천군청 문화관광체육과)

❾ 당포성
경기도 연천군 미산면 동이리 778
탐방안내 031-839-2041
　　　　　(연천군청 전략사업실)

❿ 임진강 주상절리
경기도 연천군 미산면 동이리 67-1
탐방안내 031-839-2041
　　　　　(연천군청 전략사업실)

⓫ 고남산 자칠석 광산
⓬ 지장산 응회암
⓭ 멍우리 협곡
⓮ 백운계곡과 단층
⓯ 구라이골
⓰ 동막골 응회암
⓱ 백의리층
⓲ 차탄천 주상절리
⓳ 은대리 판상절리와 습곡구조
⓴ 전곡리 유적 토층

관람시간과 관람요금 등은
현지 사정에 따라 변경될 수 있다.
더 많은 것이 궁금하다면
한탄임진강 국가지질공원 홈페이지
(http://hantangeopark.kr) 참고.

101

두근두근! 지질명소를 알아봐요!

북녘 땅에서 출발한 한탄강과 임진강이 남으로 흐르면서 화산활동으로 형성된 용암대지와 주상절리 등 현무암 협곡지대를 깎아 웅장한 풍경을 만들어냈다. 연천군 권역과 포천시 권역의 한탄강과 임진강이 만들어낸 지질명소 20곳 중 대표적인 10곳을 만나 보자.

화적연 한탄강이 휘돌아 흐르는 곳에 형성된 화적연은 수면 위로 솟아오른 거대한 화강암 바위(13m)와 함께 멋진 절경을 이룬다. 산으로부터 뻗어 내려온 이 화강암 바위는 마치 볏가리(볏단을 가지런히 쌓은 더미) 같다고 해서 예전에는 '볏가리소(화적: 禾積)'라 했고, 이 일대를 화적연(禾積淵)이라 불렀다. 화적연의 지질은 중생대 백악기의 화강암인 명성산 화강암의 오랜 침식작용으로 생성되었다. 이 화강암을 덮은 제4기 시대의 현무암과 관입되어 나타나는 유문암, 안산암 등이 관찰되며, 현무암이 식으면서 생성된 주상절리, 하천침식으로 생긴 포트홀과 그루브 등은 지형학적 가치가 높아 2013년 명승(제93호)으로 지정되었다.
늙은 농부가 이 연못에 앉아 3년 가뭄을 하늘에 원망했는데, 갑자기 물속에서 용이 나와 하늘로 올라가더니 비가 내렸다. 이후 가뭄이 들면 이곳에서 기우제를 지냈다고 한다. 또, 금강산을 가는 길목이라 많은 선비와 화가들이 이곳을 즐겨 찾았다. 조선왕조실록과 지리지에도 기록되었고, 조선 후기 정선의 '해악전신첩'에도 화적연이 담겨 있다.

교동 가마소 한탄강의 지천인 건지천을 따라 역류한 용암이 식어서 굳은 곳으로, 건지천 하류 부근에 형성된 현무암 계곡이다. 이 현무암 계곡을 따라 직경이 큰 주상절리(평균 60~70cm, 최대 150~160cm)가 발달했는데, 이 절리의 틈을 따라 차별침식이 일어나 돌개구멍이 만들어졌다. 이곳이 중리 교동마을에 있고, 소(沼)의 형태가 수많은 가마솥을 엎어놓은 것과 같다고 해서 교동 가마소라고 불렀다. 작은 폭포가 있는 폭포소, 용이 놀았다는 용소, 궁예가 옥가마를 타고 와 목욕을 했다는 옥가마소 같은 소들이 있다. 교동 가마소의 용암층에서는 수평 혹은 둥근 형태로 가스가 빠져나간 구멍이 있는데, 이는 용암이 냉각될 때 용암 속에 가스가 있던 공간으로 압력이 약한 용암층의 바깥쪽으로 모였다가 공기 중으로 빠져나간 흔적이다. 가마소에 전설이 있는데, 이 마을의 노총각이 장가 가던 날, 가마 타고 가는 새색시의 가마가 물에 빠졌다. 신랑(노총각)은 색시를 구하려고 물에 뛰어들었지만 안타깝게도 모두 죽었고, 이후 사람들은 이곳을 가마소라 불렀다고 한다.

대교천 현무암 협곡

철원읍에서 시작한 대교천은 약 12km를 흘러 철원 고석정 부근에서 한탄강에 합류하는 지천이다. 강원도 평강(북한) 오리산에서 분출한 용암이 대지를 덮었다가 침식되면서 만들어진 대교천은 양쪽 절벽과 하천 바닥이 현무암 협곡(약 1.5km, 두께 25m)이며, 수직 단애와 다양한 주상절리가 발달했다. 협곡의 폭은 25~40m, 높이는 약 30m다. 이 현무암 협곡은 단면의 형태가 육각형 내지 삼각형인 긴 기둥 모양의 주상절리가 잘 발달되었고, 대교천과 한탄강이 만나는 곳은 강물의 침식 작용으로 암반이 떨어져 나가 형성된 수직 절벽과 평원 등 다양한 지형이 발달했다. 철원군과 포천시의 경계를 이루는 약 1.5km 하류 구간은 신생대 제4기 지질을 이해하는데 중요한 가치가 있어 천연기념물(제436호)로 지정되었다.

비둘기낭폭포

현무암 침식 협곡인 비둘기낭폭포(해발 86m, 높이 16.7m)는 불무산에서 발원한 대회산천의 끝자락에 현무암 침식으로 형성되었으며, 이곳에서 흘러내린 폭포수는 한탄강으로 합류한다. 비둘기낭이란 이름은 주변 지형이 움푹 들어간 주머니 모양을 닮았고, 양비둘기 수백 마리가 폭포 주변 동굴에 살기 때문이라고 한다.

이 폭포는 하식동굴과 협곡, 두부침식, 폭호 등 하천에 의한 침식지형이 발달했고, 주상절리, 판상절리 등 지질구조도 나타난다. 또, 한탄강으로 흐른 세 가지 용암층을 한눈에 관찰할 수 있어, 이 일대의 지질형성 과정을 이해하기에 좋다. 과거 6·25전쟁 때는 수풀이 우거지고 외부에 잘 드러나지 않아 마을 사람들의 대피시설이 되었고, 군인들의 휴양지이기도 했다. 지금은 천연기념물(제537호)로 지정·보호하고 있다.

아트밸리와 포천석

천주산 자락에 있는 포천 아트밸리(면적 약 15만m²)는 1960년대 후반부터 화강암 채석장이었던 곳을 친환경 문화예술 공간으로 조성했다. 1990년대 중반부터 양질의 화강암(포천석)이 바닥나자 폐채석장으로 흉물스럽게 방치되었다가 포천시에서 포천 아트밸리(2009년 10월)로 새 단장하여 산 정상의 호수와 기암절벽이 어우러진 아름다운 관광지로 만들었다.

포천석이라는 아트밸리 화강암은 중생대 쥐라기 시기의 격렬한 화성활동인 대보조산운동으로 생성되었는데, 주 구성광물은 석영, 사장석, 흑운모, 알칼리장석류다. 아트밸리에서 볼 수 있는 지질구조의 가장 큰 특징은 절리발달에 의한 토르(탑바

위 또는 선바위)다. 토르는 지하에서 압력을 받고 있던 암석이 지표에 노출될 때, 그 압력이 사라지면서 수평·수직 절리가 발달하게 된다. 이후 절리를 따라 물과 바람의 영향으로 풍화가 진행되면서 푸석바위나 마사화되는데, 이렇게 구상풍화된 암석의 신선한 부분은 암괴(바윗덩어리)로 남게 되는데, 이를 토르라고 한다.

재인폭포

재인폭포(높이 18m, 너비 30m, 길이 100m)는 하얀 물줄기와 에메랄드빛 소(沼), 검은 현무암 주상절리가 어우러져 있다. 신생대 제4기 강원도 평강군의 오리산과 680m 고지에서 분출한 용암이 옛 한탄강을 메우면서 흘렀는데, 이후 용암대지로 물이 흐르면서 하각(강물이 하천의 바닥을 깎는 작용) 침식시켜 지금의 재인폭포가 되었다.

재인폭포에는 용암이 서서히 냉각되면서 만든 주상절리가 발달되었으며, 용암에서 가스가 빠져나가면서 만든 가스튜브와 폭포가 침식시켜 만든 포트홀(수심 5m)도 관찰할 수 있다. 계곡물이 현무암을 계속 침식시키면 미래에는 폭포가 뒤로 후퇴하면서 한탄강과 더 멀어지게 될 것이다.

재인폭포에는 줄을 타는 재인(광대)과 관련된 전설이 있다. 옛날 금슬 좋은 광대부부가 살았는데, 광대의 아내에게 흑심을 품은 고을 원님이 재인에게 폭포에서 줄을 타기를 명했다. 줄을 타던 재인은 원님이 줄을 끊는 바람에 폭포 아래로 떨어져 죽고, 어쩔 수 없이 수청을 든 재인의 아내는 원님의 코를 물고는 자결했다. 그 후 이 폭포를 '재인폭포'라 불렀다 한다.

아우라지 베개용암

한탄강과 영평천이 만나는 지점의 아우라지 베개용암은 뜨거운 용암이 흐르다가 찬물(영평천)을 만나 급속하게 식으면서 굳어졌다. 베개용암은 물속에서 뿜어져 나오는 용암이 물과 만나 냉각될 때 둥글둥글한 베개 모양으로 굳은 현무암이고, 아우라지는 두 갈래 이상의 물길이 한데 모이는 어귀다. 대개 베개용암은 물이 풍부한 바다에서 형성되며, 육지에서 발견되는 경우는 매우 드물다.

베개용암의 단면을 살펴보면 동심원상의 구조와 방사상의 절리가 발달되어 마치 어금니 같다. 직경 50~100cm인 원형 또는 타원형으로 나타나며, 표면은 급격히 냉각되어 1~2cm 두께의 유리질로 구성된다. 이곳은 하부의 원생대 변성암류와 상부의 제4기 현무암질 용암류 사이의 부정합 구조, 주상절리, 하식애, 고토양층의 발달 과정 등을 관찰할 수 있고, 천연기념물(제542호)로 지정되었다.

좌상바위

한탄강에 거대하게 솟은 좌상바위(높이 60m)는 신선이 노닐던 바위라는 뜻의 선봉바위, 풀무 모양을 닮았다고 풀무산, 스님이 앉아 있는 모양을 닮아 좌샅바위, 한국전쟁 당시 많은 사람이 떨어져

죽었다고 자살바위로 불렸다. 좌상바위는 궁평리 마을 좌측에 있는 커다란 형상이라고 붙여졌는데, 예로부터 마을의 수호신으로 여겼다.

좌상바위는 중생대 백악기 말의 화산활동으로 만들어졌다. 중생대 백악기 관입암류에 속하는 장탄리 현무암으로 구성되었는데, 화산의 화구나 화도 주변에서 마그마가 분출하여 만들어졌다.

바위에 세로 방향으로 띠가 보이는 것은 빗물과 바람에 의해 풍화된 것으로 바위가 오랜 시간 동안 땅 밖으로 드러난 것이다. 바위 표면에는 작은 구멍을 하얗게 채운 것처럼 보이는 특징이 있는데, 화산이 분출할 때 공기와 가스가 빠져나가면서 구멍이 생겼고, 시간이 흐르면서 암석에 있던 칼슘성분이 빠져나가면서 이 구멍을 채운 것이다. 이것이 살구씨의 흰색 알맹이와 비슷하다고 하여 행인상(杏仁狀) 구조라고 한다.

당포성 당포나루로 흘러 들어오는 당개샛강과 임진강 본류 사이, 평면 삼각형의 절벽에 있는 고구려시대의 성이다. 임진강과 한탄강을 따라 형성된 현무암 주상절리 절벽이 이어져 성벽을 따로 쌓지 않아도 되는 천혜의 요충지다. 임진강과 한탄강 유역 두께 10~30m 정도의 용암대지에는 한탄강의 물길이 만들어낸 좁고 길쭉한 절벽이 수 km에 걸쳐 10~15m 높이로 형성되었다. 수직단애가 사라져 방어가 취약한 동쪽에만 성벽을 쌓았다. 동측 성벽은 길이 50m, 잔존 높이 6m 정도이며, 동벽에서 성의 서쪽 끝까지의 길이는 약 200m에 이른다. 연천 일대의 고구려성처럼 주변에서 흔히 구할 수 있는 현무암을 이용했다. 당포성의 배후에는 개성으로 가는 길목인 마전현이 있어 양주분지 일대에서 최단거리로 북상하는 적을 방어하려면 이곳은 매우 중요한 곳이었다.

임진강 주상절리 임진강과 한탄강이 만나는 합수머리(도감포)부터 북쪽으로 임진강을 거슬러 수직으로 펼쳐진 주상절리(높이 40~50m, 직선길이 약 1.5km)가 발달했는데, 이렇게 강을 따라 길게 펼쳐진 주상절리는 우리나라에서 유일하다.

강원도 평강군 오리산과 680m 고지에서 분출한 용암은 옛 한탄강의 낮은 대지를 메우며 철원-포천-연천 일대에 용암대지를 형성했고, 이 용암이 임진강을 만나 강 상류쪽으로 역류하면서 현무암층을 만들었다. 화산활동이 끝나자 이 용암대지는 오랜 세월 강의 침식을 받으면서 긴 현무암 주상절리를 만들었다. 가을이면 이 절벽의 담쟁이와 돌단풍이 물들어 석양빛에 붉게 보여 적벽이라고도 한다.

뚜벅뚜벅! 지질트레일을 걸어 봐요!

한탄·임진강을 따라 걷다 보면 물 소리에 반하고, 하늘빛에 반하고, 시원한 바람에 반하고, 이름 모를 들꽃에게도 마음을 빼앗기고 만다. 여기에다 보면 볼수록 신비한 지질명소를 관찰하는 재미까지 더해지는 길, 느릿느릿 한가롭게 걸으며 오감으로 만끽해 보자.

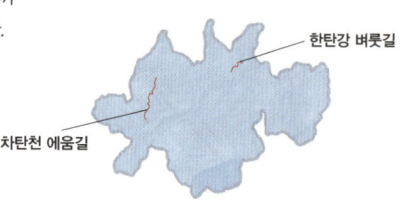

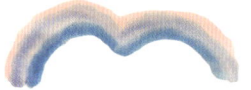

한탄강 벼룻길

● 6.2km / 1시간 30분 소요

부소천 협곡와 멍우리 협곡, 비둘기낭폭포까지 구불구불 이어진 탐방로다. 한탄강을 바라보며 걸을 수 있는 길로, 경이로운 협곡과 잘 자란 돌단풍도 관찰할 수 있다. 아름다운 절벽이 이어지는 멍우리 협곡을 감상하고, 시원한 물줄기에 반하고 마는 비둘기낭폭포도 만나러 가자.

①부소천 협곡 … ②멍우리 협곡 … ③비둘기낭폭포

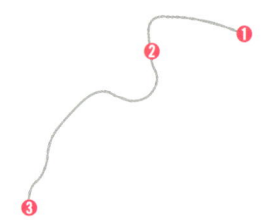

* 이 밖에도 포천에는 한탄강 둘레길, 어울길, 생태탐방로가 있다.

부소천 협곡

멍우리 협곡

비둘기낭폭포

차탄천 에움길

● 9.9km / 3시간 30분~4시간 소요

차탄천을 둘러싼 길이라는 뜻을 가진 차탄천 에움길은 연천에서 가장 오래된 암석인 편암부터 현무암 주상절리까지 다양한 암석과 지질을 만나는 지질박물관이다. 조선 초 이방원이 연천으로 낙향한 친구 이양소를 만나기 위해 오는 도중 이 여울에서 수레가 빠졌는데, 이후 수레가 여울에 빠졌다는 뜻으로 차탄천(車灘川)이라 불렀다. 다양한 현무암 주상절리와 은대리 습곡구조, 판상절리 등 다양한 지질명소를 만날 수 있다.

①차탄교 … ②왕림리 가마소 … ③삼단폭포 … ④용소 … ⑤해동양수장 … ⑥은대리 주상절리 … ⑦은대리 습곡구조 … ⑧은대리 판상절리 … ⑨선바위 … ⑩장진교 주상절리 … ⑪삼형제바위 … ⑫은대리성

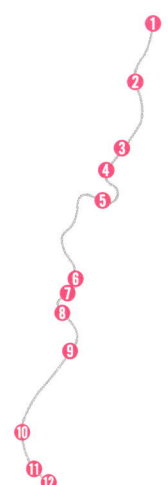

* 이 밖에도 연천군에는 연강나룻길, 임진적벽길, 한탄강 주상절리길, 합수머리 꼭지길이 있다.

삼단폭포

해동양수장

차탄천 주상절리

은대리 주상절리

은대리 판상절리

지질명소와 함께 보면 더 좋은 곳

용암대지 위를 흐르는 한탄강과 임진강의 아름다운 풍경을 즐기고, 구석기인들이 터를 잡고 살았던 유적지에서 오래 전 이 땅의 주인들을 만나 보자. 그리고 지질공원의 감동을 더해줄 전곡선사박물관과 국립수목원, 어메이징파크에서 새로운 즐거움을 느껴 보자.

전곡선사박물관

동아시아 최초의 아슐리안형 주먹도끼 발견으로 세계 구석기 연구의 역사를 다시 쓰게 한 전곡리 구석기 유적지에 건립된 유적박물관이다. 전곡리 선사유적을 중심으로 인류의 진화와 구석기시대 문화를 잘 이해할 수 있도록 다양한 주제의 유물을 전시하고 있으며, 어린이와 청소년, 성인들이 참여하고 체험할 수 있는 다양한 프로그램도 운영하고 있다.

위치 경기도 연천군 전곡읍 평화로 443번길 2
관람안내 031-830-5600 | **관람시간** 10~18시(월요일 휴관)
홈페이지 http://jgpm.ggcf.kr

국립수목원

1468년 조선 세조의 능림으로 지정된 이래로 540여 년 이상 자연 그대로 보전하고 있는 광릉숲에 자리 잡고 있다. 국립수목원은 우리나라 최고의 산림생물종 연구기관으로, 식물 연구와 조사, 증식, 보관, 교육 등 다양한 노력을 하고 있다. 산림박물관, 인조림, 삼림욕장, 백두산 호랑이가 살고 있는 야생동물원까지 방문객이 숲을 즐길 수 있는 다양한 볼거리가 있다. 희귀종인 크낙새 서식지이며 하늘다람쥐, 장수하늘소 같은 천연기념물도 서식하고 있다.

위치 경기도 포천시 소흘읍 광릉수목원로 415
관람안내 031-540-2000 | **관람시간** 하절기 9~18시, 동절기 9~17시
관람요금 유료 | **홈페이지** http://www.forest.go.kr

어메이징파크

과학과 자연 그리고 체험학습이 함께하는 자연과학 테마파크로 흥미진진한 볼거리와 체험거리가 가득하다. 어메이징 과학관과 어메이징 스윙, 타미야, 자이언트 분수, 진자펌프, 솔라시스템에서 심장이 두근거리는 경험을, 서스펜션 브릿지, 히든 브릿지 등에서 신나는 체험을 즐겨 보자.

위치 경기도 포천시 신북면 탑신로 860
관람안내 031-532-1881 | **관람시간** 10~21시(입장마감 시간 오후 6시)
관람요금 유료 | **홈페이지** https://www.amazingpark.co.kr

---

* 포천시청 '포천으로 떠나는 여행' http://www.pocheon.go.kr
* 연천군 문화관광 http://tour.yeoncheon.go.kr/

흥미진진! 오감으로 즐겨 봐요!

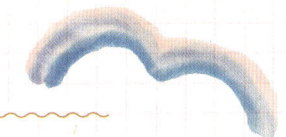

한탄강 트레킹과 캠핑
뚜벅뚜벅 자연을 걷고, 캠핑을 하면서 지질명소를 만나 보자. 한탄강 주변에는 국가지정 문화재가 5곳(명승 2곳, 천연기념물 3곳)이나 있고, 한탄강을 따라 걸을 수 있는 둘레길에는 멍우리 협곡과 비둘기낭폭포, 구라이골, 교동 가마소까지 지질명소를 한꺼번에 만날 수 있다. 또, 비둘기낭폭포와 화적연 근처에는 캠핑장이 있어 트레킹과 캠핑을 동시에 즐길 수 있다.

체험장소 경기도 포천시 영북면 대회산리 450 | **체험안내** 031-540-6501(문화관광팀)
홈페이지 http://www.pcss.kr/(포천시 시설관리공단)

연천 전곡리 선사체험(구석기축제)
구석기인이 되어 활쏘기, 물고기잡기, 불 피우기, 바비큐 체험 등을 체험해 보는 건 어떨까? 연천군 전곡리 선사유적지에 있는 선사체험마을에서는 구석기 생활을 체험할 수 있는 현장 체험교육과 구석기 체험존, 구석기 바비큐체험, 구석기 활쏘기 등 다양한 프로그램을 즐길 수 있다. 또, 해마다 1월과 5월 초에는 신나는 구석기축제도 열린다.

체험장소 경기도 연천군 전곡읍 양연로 1510 | **체험안내** 031-839-2206
홈페이지 http://www.yeoncheon.go.kr

한탄강 지질탐험대
연천과 포천, 철원지역의 지질명소를 찾아 지질답사를 하면서 사진과 영상으로 기록하여 포트폴리오를 만들고, 지역의 역사와 문화에 대해서도 알아볼 수 있다. 1박2일 신나는 지질캠프에도 참여하고 전문가를 만나 지질과 직업에 대한 이야기도 들어 본다. 전곡선사박물관이 준비한 흥미진진한 청소년 프로그램이다.

체험장소 전곡선사박물관 및 한탄·임진강 국가지질공원
체험안내 031-830-5612(전곡선사박물관) | **체험대상** 초등학교 4~6학년, 중학교 1~2학년
홈페이지 http://jgpm.ggcf.kr/

＊ 지질명소의 정보는 여기에...
- 연천군 전곡리 유적 방문자센터 경기도 연천군 전곡읍 양연로 1510
- 전곡선사박물관(탐방안내소) 경기도 연천군 전곡읍 평화로 443번길 2
- 재인폭포 탐방안내소 경기도 연천군 연천읍 부곡리 192
- 포천시 지질공원 방문자센터 경기도 포천시 영북면 비둘기낭길 116 체육관광지원센터 내
- 포천시 역사문화관 경기도 포천시 신읍동 중앙로 34번길 8 포천문화원 1층
- 포천시 비둘기낭 폭포 탐방안내소 경기도 포천시 영북면 대회산리 411

동강과 석회암이 함께 만든
특별한 아름다움
강원고생대 국가지질공원

면적
1,990.01km²
(태백 303.44km² 영월 634.11km²,
평창 109.71km², 정선 942.75km²)

대상지역
태백시, 영월군, 평창군, 정선군

지정
2017년 1월 5일

지질명소
21개소

고생대 퇴적암의
비밀을 알아봐요

● 강원도 남부 지역에 1,000m가 넘는 산들이 힘차게 뻗어 있는 한가운데 자리 잡은 강원고생대 국가지질공원은 태백시(전 지역), 영월군(7개 읍·면), 평창군(1개 면), 정선군(7개 읍·면)으로 이루어져 있다. 많은 이들이 즐겨 찾는 동강과 청령포, 한반도지형, 어라연이 있고, 영월의 고씨굴, 평창의 백룡동굴, 정선의 화암동굴, 태백의 용연동굴 같이 보면 볼수록 신기한 석회동굴도 이 땅 아래에 숨어 있다. 강원고생대지역은 아름다운 관광지로 인기 높을 뿐 아니라 지질학적 가치도 매우 높다. 강원고생대 국가지질공원에는 고생대 퇴적암인 하부 고생층의 조선누층군과 상부 고생층의 평안누층군이 분포하고 있다. 이 퇴적암에는 석회암과 무연탄이 분포하는 지층이 있어서 우리나라 산업에 매우 중요한 에너지 자원을 공급하고 있다. 석회암은 시멘트 산업의 발달에 큰 기여를 했고, 석탄은 산업화와 시민의 삶을 따뜻하고 풍요롭게 만드는데 큰 역할을 하고 있다. 또, 중요한 텅스텐 광산도 이곳에 자리 잡고 있다.

무엇보다도 이 지역은 고생대 퇴적암류(태백층군, 영월층군, 용탄층군)의 표식지로서 매우 중요한 지질학적 가치가 있다. 이 고생대 지층은 5억 년의 역사를 거치면서도 잘 보존되어 있는 삼엽충, 코노돈트, 방추충, 무척추동물 화석 등 다양한 화석이 발견되어 세계에서도 그 가치를 인정받고 있다.

또 다른 특징은 우리나라에서 가장 뛰어난 감입곡류 지형이 나타나고 있다는 것이다. 백두대간을 중심으로 한반도의 융기가 일어나 심하게 구부러진 산악지역 곡류(감입곡류)가 나타나고 있는데, 동강과 평창강 등에는 구하도, 하식애, 하안단구, 포인트바, 하식동굴, 여울 등 다양한 하천지형이 잘 보전되어 있고 경관도 매우 아름답다. 또, 카르스트 지형과 석회동굴이 이곳에 집중 분포하고 있다. 우리나라 카르스트 지형 중 절반에 가까운 93곳이 여기에 모여 있는데, 정선 백복령 카르스트 지대와 평창의 고마루, 영월 한반도지형 부근 등 곳곳에 독특한 카르스트 지형이 발달하고 있다. 신비한 아름다움을 깊은 동굴 속에 꼭꼭 숨겨 놓은 석회동굴 11곳도 이곳에서 만날 수 있다.

지질명소를 찾아가요!

❶ 한반도지형
강원도 영월군 한반도면 한반도로 555
탐방안내 1577-0545
　　　　 (영월관광안내 콜센터),
　　　　 033-374-4215
　　　　 (영월종합관광안내소)

❷ 어라연
강원도 영월군 영월읍 어라연길 259
탐방안내 1577-0545
　　　　 (영월관광안내 콜센터),
　　　　 033-374-4215
　　　　 (영월종합관광안내소)

❸ 청령포
강원도 영월군 영월읍 방절리 241-2
탐방안내 1577-0545
　　　　 (영월관광안내 콜센터),
　　　　 033-374-4215
　　　　 (영월종합관광안내소)
관람시간 9~18시
관람요금 유료

❹ 고씨굴
강원도 영월군 김삿갓면 영월동로 1117
탐방안내 033-370-2621
　　　　 (고씨굴 관리사무소)
관람시간 9시~18시
관람요금 유료

❺ 화암동굴
강원도 정선군 화암면 화암동굴길 12-8
탐방안내 033-560-3410
관람시간 9~17시
관람요금 유료
홈페이지 http://www.jsimc.or.kr
　　　　 (정선군시설관리공단)

❻ 동강
강원도 정선군 정선읍 동강로 2914
탐방안내 1544-9053
　　　　 (정선군 관광안내 전화)

관람시간과 관람요금 등은 현지 사정에 따라 변경될 수 있다. 더 많은 것이 궁금하다면 강원고생대 국가지질공원 (http://paleozoicgp.com) 참고.

❼ 검룡소
강원도 태백시 창죽동 산1-1
탐방안내 033-550-0000
　　　　　(태백산국립공원)

❽ 용연동굴
강원도 태백시 태백로 283-29
탐방안내 033-550-2727
　　　　　(용연동굴 관리사무소)
관람요금 유료

❾ 구문소
강원도 태백시 태백로 2249
탐방안내 033-550-2828, 033-550-8363
　　　　　(태백시종합관광안내소)

❿ 백룡동굴
강원도 평창군 미탄면 문희길 63
탐방안내 033-334-7200
　　　　　(백룡동굴 생태체험학습장)
관람요금 유료
홈페이지 http://cave.maha.or.kr

⓫ 요선암 돌개구멍
⓬ 건열구조와 스트로마톨라이트
⓭ 선돌
⓮ 물무리골
⓯ 백복령 카르스트지대
⓰ 쥐라기역암
⓱ 화암약수
⓲ 소금강
⓳ 금천골 석탄층
⓴ 장성 전기고생대화석산지
㉑ 고마루 카르스트 지형

두근두근! 지질명소를 알아봐요!

고생대 퇴적암이 공들여 빚은 암석과 화석, 석회암이 만든 카르스트 지형, 구불구불 곡선의 동강과 서강, 평창강이 만든 하천과 습지까지 의미 있는 지질명소가 아름다운 비경과 어우러진다. 숨바꼭질 하듯 숨어 있는 지질명소 21곳 중 대표적인 10곳을 만나 보자.

동강

동강은 정선읍 가수리부터 약 65km를 흘러 영월읍에서 서강(西江)과 만나 남한강이 되어 서해까지 긴 여행을 떠난다. 동강은 물굽이가 심하고 여울이 많아 예전에는 배를 이용하기가 힘들어 뗏목을 타고 건넜다. 그러다가 자동차와 열차를 이용하면서 뗏목은 본래 기능을 잃었다.

동강은 뱀처럼 구불구불하게 흐르는 감입곡류 하천이다. 강을 따라 발달한 절벽(단애), 하천의 퇴적작용으로 형성된 모래톱과 자갈톱, 양쪽이 높고 편평한 하안단구, 범람원, 석회동굴 같은 다양한 지형을 품고 있고, 돌리네, 우발레, 싱크홀 같은 카르스트 지형도 나타난다.

동강은 지형이 자연스럽게 변하는 살아 있는 지리학이자, 생태학적으로도 매우 의미 있는 곳이다. 예전에는 사람이 접근하기 어려워 원시 비경과 자연생태계가 지금도 잘 보존되어 있으며, 환경부에서 지정한 멸종위기종도 서식하고 있다. 1997년 10월 정부에서 동강을 댐건설 예정지로 발표하자, 환경단체와 전문가들이 반대운동을 하면서 동강의 가치가 널리 알려졌다.

고씨굴

남한강 상류에 있는 천연기념물(제219호)인 고씨굴은 길이 약 3.4km의 대규모 석회동굴로, 굴의 출입구는 남한강의 줄기인 서강 강변이며 동굴의 중심 통로인 주굴은 약 950m, 가지굴은 약 2,430m다.

고씨굴은 다층 구조로, 제일 아래층에는 지하수가 흐르고, 주굴은 석회암 내에 발달한 절리면(석회암이 힘을 받아 깨진 부분)을 따라 형성되었으며 가지굴은 층리면(퇴적암에 나타나는 편평한 면)을 따라 발달했다.

동굴 내부에는 종유석, 석순, 석주, 유석 등의 동굴생성물과 곡석, 석화가 잘 발달했고, 용식공 같은 미지형도 발달했다. 동굴에는 갈르와벌레 같은 동굴생물도 있으며, 내부 온도는 연중 15도 안팎이고 수온은 5.3도다.

조선 중기 선비 고종원은 임진왜란 때 왜군이 쳐들어오자 가족과 노리곡(지금의 고씨굴) 안으로 피신했지만, 부인과 두 아우를 잃었다. 그 후 고종원은 임진왜란이 일어난 다섯 달을 기록한 『기천록(祈天錄)』을 남겼다. 이렇게 고종원 일가가 동굴에 숨어 난을 피했다 하여 고씨굴이라 부른다.

한반도지형 서강의 대표 경관인 한반도지형은 한반도를 축소한 것 같다. 한반도지형의 주변으로 평창강이 마치 뱀이 기어가는 것처럼 구불구불 흐른다. 이것을 감입곡류 또는 감입사행이라고 하는데, 한반도지형(명승 제75호)은 이런 감입곡류 하천의 침식과 퇴적작용으로 생겨났다. 하천의 바깥쪽은 물이 빠르게 흘러 주변의 암석을 깎아서 절벽이 생겼고, 하천의 안쪽은 물이 천천히 흘러서 모래가 쌓였다. 하천이 점점 옆쪽으로 암석을 깎으면서 한가운데에 이런 한반도지형이 생겨났다.

한반도지형을 형성한 기반암은 고생대 와곡층과 문곡층이고, 주변 암석은 다양한 퇴적물들이 차곡차곡 쌓여서 만들어진 퇴적암 중 석회암이다. 전망대로 가는 길에는 가운데가 움푹 들어간 웅덩이 형태의 돌리네도 있다.

어라연 동강의 윗줄기 12km 쯤에 자리한 어라연은 고기가 비단결 같이 떠오르는 연못이라는 뜻을 가졌다. 어라연에는 강의 상·중·하부에 3개의 소(沼)가 있으며, 소의 한가운데 옥순봉과 기암괴석들의 모습이 마치 사람이나 불상 혹은 짐승을 닮은 것 같다. 어라연은 전형적인 감입곡류 하천의 모습으로 하식애(어라연 일대의 수직절벽), 협곡(어라연 계곡), 구하도(상·중·하선암), 소, 여울, 급류 등 다양한 하천지형이 나타난다. 맑은 동강과 검은 바위, 울창한 숲이 잘 어우러지고, 정선아리랑 같은 문화유산까지 더해져 더욱 아름답다.

어라연전망대가 있는 잣봉(537m)에서 비경을 감상할 수 있으며, 전망대를 오르는 등산과 동강 트레킹, 동강 래프팅도 할 수 있다.

화암동굴 정선 화암동굴(해발 약 420m)은 금을 채굴하다 발견한 천연 석회동굴(갱도를 포함한 동굴 길이 1.8km)이다. 동굴 내부에는 대형 유석, 석주, 종유석, 석화 등 동굴생성물이 발달했다.

화암동굴 주변에는 하부고생대 조선누층군 대기층이 분포한다. 이 대기층은 청회색 내지 암회색, 유백색의 괴상석회암이며, 석회성분의 순도가 높아 시멘트의 원료로 쓰이며, 최근에는 고품위 석회석의 원료로 사용하기도 한다. 석회성분의 함량이 높아 이 대기층 내에서는 동굴이 잘 발달하며, 카르스트 지형이 발달된 곳도 많다.

현재 화암동굴은 테마형 동굴로 변신하여 다양한 볼거리와 종유석이 자라는 동굴 생태 관찰, 금 채취 과정, 제련 과정 등 동굴체험장으로도 인기가 높다.

청령포

단종의 유배지인 청령포는 삼면이 강으로 둘러싸여 있고, 서쪽은 험준한 암벽이 솟아 마치 섬 같다. 구불구불 흐르는 서강이 청령포 부근에서 측방침식(하천이 양쪽 측면을 깎는 작용)으로 물길이 바뀌면서 형성되었다. 예전 서강이 우회하던 방절리 주변 저지대에서는 현재 논농사를 짓는데, 이렇게 물길이 바뀌면서 옛 물길이 된 구하도와 자유곡류하천(meander), 핵(meander core) 같은 지형이 남아 있어 학술적으로도 중요하다. 또, 인근에 석회암 지대에 발달하는 카르스트 지형과 구하도 위에 있는 방절리의 하안단구도 발달했다.

청령포라는 지명은 1763년(영조 39년)에 세운 단종유지비에 영조가 직접 '단묘재본부시유지(端廟在本府時遺址)'라는 글을 써서 내렸고, 이것을 비(碑)에 새겼는데 그 뒷면에 청령포라고 적었다. 이것으로 보아 청령포는 오래된 지명으로 보인다. 해마다 4월이면 단종문화제가 열리며 단종의 유배지길도 걸을 수 있다. 소나무숲인 청령포 수림지와 맑은 서강이 어우러져 영월팔경의 하나로 손꼽히며, 명승(제50호)으로 지정되었다.

검룡소

태백산국립공원 금대봉골의 검룡소(명승 제73호)는 1987년 국립지리원이 공식 인정한 한강의 발원지다. 금대봉 기슭의 제당굼샘과 고목나무샘, 물골의 물구녕 석간수와 예터굼에서 솟는 물은 지하로 스몄다가 검룡소로 나와 정선의 골지천, 조양강, 동강, 단양, 충주, 여주를 거쳐 경기도 양수리에서 북한강과 합류해 한강이 된 후 서해로 접어든다. 검룡소 둘레는 20여 m로 깊이는 알 수 없으며, 지하수가 석회암반을 뚫고 하루 2~3천 톤 가량을 쉼 없이 뿜어낸다. 검룡소에서 솟아오른 물살이 석회암을 침식시켜 돌개구멍을 만들고, 마치 암반 위를 용이 기어가다가 용트림을 하듯 흘러내린다. 이것은 중생대 쥐라기시대의 대보조산운동과 백악기의 송림변동운동으로 태백지역이 고산지대가 된 다음, 계속되는 침식과 용식작용으로 지금과 같은 지형이 만들어졌다.

용연동굴

태백시 금대봉 하부능선의 용연동굴(해발 920m, 길이 843m)은 전국 최고 고지대의 석회동굴이다. 이 굴은 석회암의 층리면과 석회암 내에 발달한 절리면의 주향 방향(기울어진 지층면과 수평면이 이루는 주향선의 방향)을 따라 지하수가 여러 곳에서 흘러들고, 석회암이 녹으면서 형성되었다. 그 후 동굴 바닥의 지하수 침식작용으로 동굴이 넓어졌다. 석순, 종유석, 동굴진주, 동굴산호 등 동

굴생성물과 관박쥐, 장님새우 등 동굴생물 37종도 살고 있다.
1966년 4월 한일합동 동굴조사 때 동양에서는 처음으로 초동굴성갑충, 긴다리 장님좀딱정벌레, 살아 있는 화석인 용연옛새우, 장님굴가시톡톡이 등 신종생물 6종이 발견되었다.

구문소 황지연못에서 시작된 낙동강이 구문소동의 산맥을 뚫고 지나가면서 커다란 석문(높이 20~30m, 넓이 30m)을 만들었다. 개선문 같기도 한 이 석회동굴을 자개문이라 하며, 그 아래 물이 있는 깊은 소(沼)를 구문소라 한다. 구문소(求門沼)는 구무소의 한자 표기로, '구무'는 '구멍' 또는 '굴'의 옛말이다. 흐르는 물에 석회암이 녹아 구문소의 암벽이 뚫리면서 새 물길이 생겼는데, 우리나라에서는 이런 유형을 찾기 힘들다. 구문소는 전기 고생대 조선누층군 중 오르도비스기의 막골층이 분포하는 지역으로, 고환경을 유추할 수 있는 지질구조와 퇴적구조 역시 잘 발달했다. 또, 조선누층군 태백군(두위봉형)의 암석이 노출되어 있어 우리나라에서 태백층군의 암석 분포와 산출 상태를 관찰하기에 가장 좋다. 구문소는 5억 년 전의 한반도 지질역사를 관찰할 수 있는 국내 최고 지질학의 보고이며, 천연기념물(제417호)로 지정되었다.
옛날 구문소가 생기기 전에 석벽을 사이에 두고 황지천과 철암천에 큰 소(沼)가 있었다. 황지천에는 백룡, 철암천에는 청룡이 있었는데, 이 둘이 석벽 꼭대기에서 낙동강의 지배권을 놓고 싸웠으나, 승부가 나지 않자 백룡이 석벽을 뚫어 청룡을 제압해 승천하면서 구문(구멍)소가 생겨났다고 한다.

백룡동굴 평창군 백운산 아래 동강에 있는 백룡동굴(해발 235m)은 천연 석회동굴이다. 기암절벽에 있는 동굴 입구는 동강 수면에서부터 약 10~15m 지점에 있어 예전에는 배로만 접근할 수 있었다.
백룡동굴을 만든 석회암층은 4~5억 년 전 고생대 초 캄브리아기에서 오르도비스기 사이 조간대 상부에 퇴적된 해양생물의 잔해로 만들어졌다고 추정한다. 이 석회암층이 수천만~수천 년 전 지하수에 녹으면서 동굴이 되었고, 동굴 안에는 에그프라이형 석순, 종유관 등의 기형 동굴생성물이 있다. 또, 다양한 동굴생물과 동굴 내의 미지형도 있어 경관적, 학술적, 생물학적, 고고학적 가치가 매우 높다.
외부에는 알려지지 않았던 이 동굴이 수 년 전 영월댐 계획으로 수몰될 뻔했지만, 백지화되면서 세상에 알려지는 계기가 되었다. 1976년 지역 주민인 정무룡 씨가 좁은 통로(개구멍)를 확장하면서 동굴에 대한 조사와 연구가 시작됐다. 동굴이 있는 백운산의 백 자와 정무룡의 룡 자를 따서 백룡동굴이라 했으며, 천연기념물(제260호)로 지정·보호하고 있다.

뚜벅뚜벅! 지질트레일을 걸어 봐요!

주말여행, 여름휴가, 가을 단풍여행, 겨울 눈꽃여행까지 사계절 인기 높은 영월, 정선, 태백, 평창 지역은 자연생태계가 잘 보존되어 있어 조용히 머무는 것만으로도 편안함과 즐거움을 느낄 수 있다. 이곳에서 색다른 경험을 원한다면 지질여행을 떠나 보자. 오감을 열고 뚜벅뚜벅 걷다 보면 어느새 고생대로 떠나는 시간여행을 즐기고 있을 것이다.

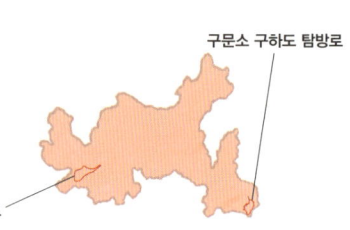

구문소 구하도 탐방로

한반도지형 탐방로

구문소 구하도 탐방로

● 4.4km / 2시간 소요

흐르는 물이 석회암 암벽을 뚫으면서 새로운 물길을 만든 구문소의 아름다운 풍경을 직접 관찰할 수 있는 지질탐방로다. 예전엔 물이 흘렀으나 물길이 바뀌면서 육지가 된 구하도도 살펴보자. 고생대 암석과 화석 등을 직접 볼 수 있는 태백고생대자연사박물관과 자연학습체험장까지 지질탐방로에서 만날 수 있다.

①부정합 관찰지 ⋯▸ ②태백고생대자연사박물관 ⋯▸ ③생태습지 ⋯▸ ④자연학습체험장 ⋯▸ ⑤구문소 영농조합법인 ⋯▸ ⑥구하도 조망점 ⋯▸ ①부정합 관찰지

부정합 관찰지

생태습지

자연학습체험장

한반도지형 탐방로

● 2.4km / 1시간 소요

신기하게도 삼면이 바다로 둘러싸인 한반도를 그대로 옮겨 놓은 듯한 또 다른 한반도를 만나 보자. 동쪽의 급경사와 서쪽의 완만한 지형, 백두대간을 닮은 소나무숲, 땅끝마을 해남과 포항 호미곶 같은 모양이 오묘하게도 닮았다. 한반도지형 전망대와 이 지역에서 나타나는 석회암, 구불구불 흐르는 평창강, 석회암 지표식물인 회양목 등 지질탐방로를 걸으며 그 의미를 이해해 보자.

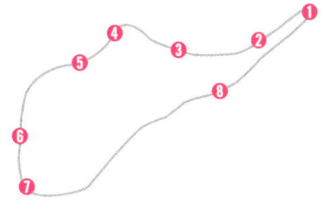

①한반도지형 탐방로 입구 … ②석회암, 층리 해설판1 … ③돌리네 해설판1 … ④석회암 활용 해설판 … ⑤한반도지형 전망대 … ⑥석회암, 층리 해설판2 … ⑦돌리네 해설판2 … ⑧서강, 하중도, 석회광산 해설판 … ①한반도지형 탐방로 입구

석회암

석회암에서 관찰되는 층리

한반도 지형 전망대

돌리네

석회광산

지질명소와 함께 보면 더 좋은 곳

지질공원을 더 깊이 이해하는 방법! 바로 가까운 곳에 있는 박물관과 생태관에서 시대별로 잘 정리된 전시물과 안내 자료를 살펴보는 것이다. 특히 영월에는 다양한 주제의 박물관이 26곳이나 있다. 수억 년 지구가 공들여 만든 지질명소와 박물관을 골라보는 재미를 느껴보자.

정선군 지질공원탐방객센터

정선군, 태백시, 영월군, 평창군에 자리 잡고 있는 강원고생대 국가지질공원은 지질명소 21곳으로 이루어져 있으며, 고생대에 형성된 암석, 화석, 석회암과 물이 빚어 놓은 카르스트 지형, 동강의 아름다운 작품인 하천지형을 관찰할 수 있다. 정선군 지질공원탐방객센터는 지질명소를 탐방하기 전에 수십 억 년 동안 이 땅에 어떤 일이 있어났는지 이해하기 위해 둘러보면 좋다.

위치 강원도 정선군 화암면 화암동굴길 12-2 정선향토박물관 1층 |
관람안내 033-560-2379 | **관람시간** 9~18시 | **홈페이지** www.jsimc.or.kr

태백고생대자연사박물관

전국에서 유일하게 고생대를 주제로 한 전문박물관으로, 고생대 자연환경과 생물역사를 추적할 수 있는 화석 및 퇴적구조를 관찰할 수 있다. 고생대 퇴적침식 지형과 삼엽충을 비롯하여 완족동물, 필석류, 연체동물, 코노돈트 등 신기한 화석을 만나고, 구문소 일대에서 체험학습도 해 보자.

위치 강원도 태백시 태백로 2249 | **관람안내** 033-581-8181, 3003
관람시간 9~18시 | **관람요금** 유료 | **홈페이지** http://www.paleozoic.go.kr

영월동굴생태관

영월의 석회동굴과 동굴 생태계에 관련된 2만여 점의 표본과 장비, 자료가 전시된 체험박물관이다. 생태관의 전시물은 나열식이 아니라 문답식으로 동굴에 관한 궁금증을 스스로 답을 찾고 익힐 수 있도록 꾸며져 있다. 신비한 동굴 탐사부터 지금의 석회암을 만든 수억 년 전 동굴생물과 박쥐의 생활도 엿볼 수 있다.

위치 강원도 영월군 김삿갓면 영월동로 1121-15 | **관람안내** 033-372-6828
관람시간 9~18시 | **홈페이지** http://www.ywmuseum.com

* 강원고생대 국가지질공원 http://paleozoicgp.com
* 영월관광 http://www.ywtour.com/Home/Index/
* 태백관광 http://tour.taebaek.go.kr/site/ko/pages/index.jsp
* 정선여행 http://www.ariaritour.com/hb/tour/
* 평창문화관광 http://tour.pc.go.kr/

흥미진진! 오감으로 즐겨 봐요!

짚와이어
병방치 짚와이어는 산 위에서 아래쪽으로 설치한 와이어를, 도르래를 타고 내려가는 익스트림 스포츠다. 이 짚와이어는 해발 607m 높이의 병방치 절벽 위와 광하리 생태체험학습장을 연결하고 있는데, 그 길이가 1.1km나 된다. 신나는 짚와이어를 타고서 동강이 굽이치는 하천지형과 광하리 구하도까지 한 번에 즐길 수 있다.
체험장소 강원도 정선군 정선읍 북실안길 29 | **체험안내** 033-563-4100
체험비 유료 | **홈페이지** https://www.ariihills.co.kr:20105
* 라이딩을 위한 조건: 신장/134~200cm, 몸무게/35~125kg(당일 기상에 따라 몸무게 제한이 있을 수 있음.)

패러글라이딩
새가 되어 하늘을 나는 짜릿한 기분을 패러글라이딩을 타고 즐겨 보자. 패러글라이딩은 낙하산과 행글라이더의 특성을 결합한 것으로, 별도의 동력장치 없이 사람이 달려가면서 이륙하고 비행 후 두발로 착륙한다. 영월 봉래산에서 즐기는 패러글라이딩은 풍향이 일정해 고도 잡기가 어렵지 않고, 넓은 착륙장이 있어 초보자도 쉽게 즐길 수 있다.
체험장소 강원도 영월군 영월읍 천문대길 397(영월 봉래산 활공시설)
체험안내 033-373-9111(영월콘돌스클럽) | **체험시간** 40분~1시간
체험비 유료 | **홈페이지** http://www.yeoncheon.go.kr

동강 12경 드라이브
동강의 열두 가지 아름다움을 차례차례 만나는 법! 반짝반짝 빛나는 맑은 동강과 깎아지른 바위 절벽, 고즈넉한 마을 풍경이 어우러져 눈과 마음을 온통 빼앗기고 마는 동강의 황홀경에 빠져 보자. 급할 것도 서두를 것도 없이 느릿느릿 천천히 쉬어가며 동강을 즐겨 보자.
체험코스 정선읍 – 광하리 방향 42번 국도 – 가수리 방향 6번 국도 – 고성리
체험장소 강원도 정선군 정선읍 동강로 2914(내비게이션 주소)
체험안내 1544-9053(정선군 관광안내 전화)
볼거리 가수리 느티나무와 마을풍경, 나리소와 바리소, 백운산과 칠족령, 고성산성과 주위의 전경, 바새마을과 앞 뼝창(절벽의 방언), 연포마을과 황토담배 건조장, 백령동굴, 황새 여울과 바위들, 두꺼비 바위에 어우러진 뼝대(낭떠러지의 방언), 어라연, 된꼬까리와 만지의 전산옥

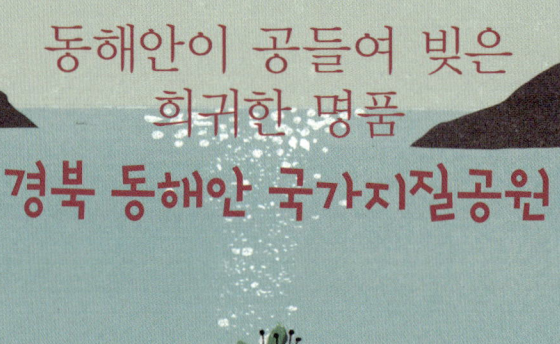

동해안이 공들여 빚은
희귀한 명품
경북 동해안 국가지질공원

면적
2,261km²
(포항 669.5km², 경주 497.9km²,
영덕 439.7km², 울진 653.9km²)

대상지역
포항시, 경주시, 영덕군, 울진군 일대

지정
2017년 9월 13일

지질명소
19개소

원시 계곡과 가치 있는 문화재의 만남, 경북 동해안을 만나요

● 백두대간에서 뻗어 나온 낙동정맥의 동쪽에 자리 잡은 울진군과 영덕군 그리고 포항시와 경주시 일대는 높은 산에 가로막혀 동서 교류보다 남북 교류가 잦았다. 산을 오르는 것보다 이동하기 쉬운 해안평야와 해상교통로로 왕래했고, 지금은 동해안을 따라 이어진 7번 국도를 따라 더욱 활발한 교류가 이루어져 동일한 생활권에 속해 있다.

경북 동해안 지역은 지질학적으로 뛰어난 지질명소를 품고 있는 지질유산의 보고이기도 하다. 울진의 원생대부터 시작하여 남쪽 경주의 신생대까지 전 지질시대를 아우르는 지질 다양성을 나타내고 있을 뿐만 아니라, 선사시대와 역사시대를 거치면서 조상들이 빚고 다듬은 유물과 문화재가 지질유산과 어우러져 다른 지질공원과는 매우 다른 특성을 보이고 있다.

경북 동해안 국가지질공원의 서쪽에는 낙동정맥이 솟아 있어 서쪽은 고도가 높고 험준하고 동쪽으로 갈수록 경사가 완만하다. 해안에는 융기로 인한 해안단구가 발달해 있으며, 큰 하천의 하구에 해빈이 형성되어 있다. 또, 원생대의 변성암류부터 중생대 퇴적암, 관입암체, 신제3기의 퇴적암류까지 오랜 시간에 걸쳐 생성된 다양한 암석들이 분포하고 있다. 울진군 일대와 영덕군 일부에서는 원생대 변성암류가, 영덕에서는 중생대 퇴적암류와 이를 관입한 화강암류와 화산암이 있고, 포항·경주 일대에서는 백악기말 불국사화강암, 신생대 신제3기에 형성된 퇴적암류 및 화성암류가 분포하고 있다.

이처럼 동해안을 따라 다양한 지질 연대를 관찰할 수 있고, 이런 암석을 기반으로 계곡 3곳, 석회동굴 1곳, 화석산지 2곳, 주상절리 2곳, 문화유적지 2곳, 해안 9곳까지 서로 다른 개성을 가진 뛰어난 지질명소가 자리 잡고 있으며, 특히 경주 양남의 주상절리군에는 전 세계적으로 희귀한 방사형 모양의 주상절리도 있다.

지질명소를 찾아가요!

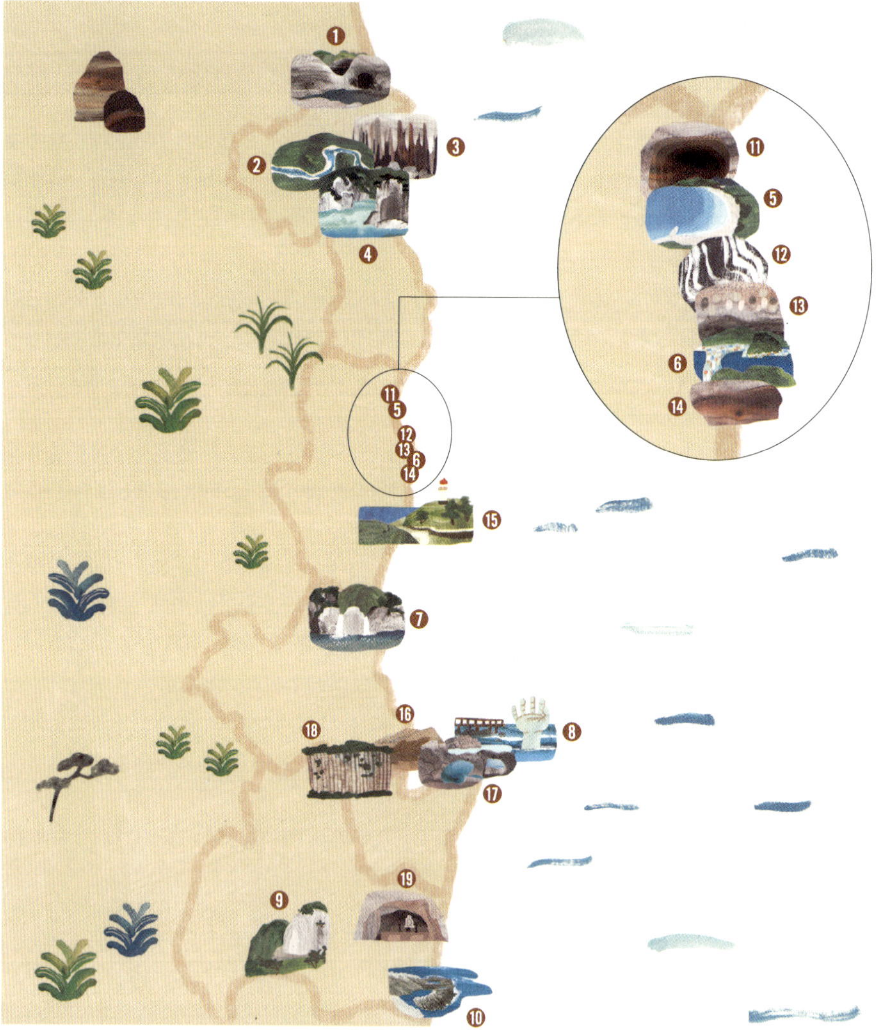

❶ 덕구계곡
경상북도 울진군 북면 덕구리 일원
탐방안내 054-789-6902

❷ 불영계곡
경상북도 울진군 금강송면 하원리
탐방안내 054-789-6902
*내비게이션에 불영계곡 휴게소
(울진읍 불영계곡로 2758)

❸ 성류굴
경상북도 울진군 근남면 구산리 산30
탐방안내 054-782-5358
관람시간 9~18시(11~2월, 9~17시)
관람요금 유료

❹ 왕피천
경상북도 울진군 금강송면 불영계곡로 1710
탐방안내 054-781-8897
        (왕피천 에코투어사업단)
홈페이지 http://www.wangpiecotour.com
        (예약 필수)

❺ 고래불 해안
경상북도 영덕군 병곡면 병곡리 58-26
탐방안내 054-730-7802
        (고래불 해수욕장)
홈페이지 http://www.goraebul.or.kr

❻ 죽도산 퇴적암
경상북도 영덕군 축산면 축산리
탐방안내 054-730-6114

❼ 내연산 12폭포
경상북도 포항시 송라면 중산리
탐방안내 054-270-8282,
        054-270-2374

❽ 호미곶 해안단구
경상북도 포항시 남구 호미곶면 대보리
탐방안내 054-274-2272

❾ 남산 화강암
경상북도 경주시 남산동 외
탐방안내 054-778-4100
        (경주국립공원 사무소)
홈페이지 http://gyeongju.knps.or.kr

❿ 양남 주상절리군
경상북도 경주시 양남면 읍천리 외
탐방안내 054-779-8585, 관광안내전화 1330

⓫ 철암산 화석산지
⓬ 원생대 변성암
⓭ 영덕 대부정합
⓮ 경정리 백악기 퇴적암
⓯ 영덕 화강섬록암 해안
⓰ 두호동 화석산지
⓱ 구룡소 돌개구멍
⓲ 달전리 주상절리
⓳ 골굴암 타포니

관람시간과 관람요금 등은 현지 사정에 따라 변경될 수 있다.
더 많은 것이 궁금하다면 경북 동해안 국가지질공원 홈페이지
(http://www.geotourism.or.kr) 참고.

두근두근! 지질명소를 알아봐요!

첩첩산중 깊은 골짜기에 자리 잡은 울진의 빼어난 계곡, 영덕 바닷가에 형성된 긴 해안, 가장 먼저 해가 뜨는 포항의 호미곶과 지질명소, 가치 있는 문화재와 어우러진 경주의 지질명소까지 다양한 볼거리와 옛 이야기 보따리가 한꺼번에 펼쳐지는 경북 동해안 국가지질공원의 지질명소 19곳 중 대표적인 10곳을 만나 보자.

덕구계곡

응봉산 자락에 약 3km 정도 이어진 덕구계곡은 원생대의 홍제사 화강편마암체가 주로 분포하고 있고, 영남육괴의 기반암이 넓게 분포하여 한반도 고기층을 연구하는데 중요한 학술적 가치가 있다. 특히 국내에서 유일하게 일 년 내내 자연스럽게 솟아나는 덕구온천의 원탕이 있는데, 덕구계곡과 덕구온천은 고려 말 전모라는 사람이 발견했다고 전해진다.

전모는 사냥꾼들에게 상처를 입은 멧돼지가 깊은 계곡 노천탕에 몸을 담가 회복하는 것을 보고 기이하게 여겨 덕구온천이라 이름 지었는데, 지열로 자연스럽게 가열된 뒤 용출하는 자연온천으로 알칼리성이 풍부하고 각종 질환에 효능이 있다고 알려졌다.

덕구계곡에는 선녀탕, 옥류대, 무릉, 형제폭포 등도 자리 잡고 있는데, 가장 멋진 풍광을 이루는 용소폭포는 용이 승천하며 꿈틀거린 흔적이 암벽에 새겨져 남아있다고 하며, 그 위로 폭포수가 쏟아진다.

불영계곡

'한국의 그랜드 캐니언'이라는 불영계곡은 우리나라 최대 규모의 계곡으로, 불영사를 중심으로 15km가량 이어져 있다. 신라 진덕여왕 때 창건한 불영사가 있어 불영계곡이라고 한다. 『천축산 불영사기』에 따르면, 의상대사가 산천을 다니던 중 산의 모습이 천축산의 형상과 매우 흡사하여 이곳 산 이름을 천축산이라 지었다. 이후 의상대사가 북서쪽으로 이동하던 중 연못에 부처님의 그림자가 비쳐 이를 기이하게 여겨 토굴 삼간을 짓고 수행을 시작하였고, 이것이 불영사의 기원이 되었다고 한다.

이 숲 일대에는 궁궐의 건축 재료로 썼을 만큼 국내 최고의 품질을 자랑하는 금강송 군락지가 있고, 우거진 굴참나무숲은 천연기념물(제96호)로 지정되었다. 불영계곡에는 원남층 편마암 계곡과 분천화강편마암이 지형을 이루며, 계곡을 따라 큰 규모의 단층절벽과 토르, 포트홀이 발달했다. 심층풍화작용으로 깎인 불영사의 부처바위와 사랑바위는 국내의 대표적인 토르 지형이다.

성류굴 선유산의 성류굴(약 870m)은 우리나라 석회암 동굴 중 최초의 천연기념물(제155호)이다. 주굴의 길이는 약 330m, 가지굴의 길이는 약 540m로, 일반인들에게 개방된 구간은 약 270m이다. 제1입구 앞에는 왕피천이 흐르고 동해안과 가깝다. 1958년 경북대학교 지질학과 학생들이 조사를 시작한 것을 계기로 우리나라의 근대 동굴탐사가 시작되었다.

성류굴 3개의 구간에는 큰 호수가 있고 종유관, 종유석, 석순, 석주, 동굴방패, 동굴산호, 베이컨시트가 발달했다. 일부에는 동굴진주, 석화, 곡석, 부유방해석 등도 있다. 대부분의 구간에 천장으로부터 떨어지는 동굴수와, 새로 발견된 성류굴 내부 수중통로에는 종유석, 석순 등의 동굴생성물이 분포하고 있다.

삼국유사에 의하면 원효대사와 보천태자가 이 굴에 머물렀다고 한다. 고려 말 한학자인 이곡 선생은 『관동유기』에 성류굴 탐사기를 기록했는데, 비교적 정확하게 탐사경로를 설명하고 있어 우리나라 최초(650여 년 전)의 동굴탐험기라 할 수 있다.

왕피천 영양군 일월산 동쪽 기슭에서 발원하여 울진군을 지나 동해로 흘러가는 왕피천(길이 약 60.95km, 유역 면적 513.7m²)은 본류인 왕피천(장수포천), 지류인 광천과 매화천, 신암천으로 이루어졌다. 하천 양쪽으로 깎아지른 절벽 가운데 자리한 하얀 바위 사이로 맑은 물이 흐르고, 짙푸른 숲이 이 일대를 포근하게 감싼다. 왕피천은 험준한 산과 바위로 둘러싸여 접근이 어렵고, 덕분에 원시 그대로의 생태계를 간직하고 있다. 2002년 환경부의 생태계 조사 결과 산양과 수달, 하늘다람쥐를 비롯한 포유류 14종과 조류 60여 종, 양서파충류 23종 등의 생물들이 살고 있다.

왕피천에는 주로 원생대 화강편마암이 있고, 곳곳에 관입한 석영맥과 수많은 절리가 나타나 멋진 장관을 이룬다. 돌개구멍의 하나인 용소와 용머리바위, 토르의 일종인 송이바위, 수많은 단열로 지금의 모양을 갖춘 학소대와 거북바위까지가 왕피천에서 꼭 관찰해야 할 명소들이다.

오래 전 실직국의 왕이 이곳으로 피란해 숨어 살았다고 해서 마을 이름은 왕피리라 하고, 마을 앞을 흐르는 냇물을 왕피천이라 불렀다고 한다.

고래불해안 완만한 초승달 모양의 고래불해안은 영덕군 병곡면과 영해면 해안마을 6곳(약 4.6km)에 이르는 사빈으로, 동해안에서 가장 규모가 크다. 북쪽에는 고래불해수욕장, 남쪽에는 덕천해수욕장과 대진해수욕장이 있다. 고려 말 이색이 상대산에 올랐을 때 동해에서 고래가 물을 뿜으며 노는 것을 보고, '고래가 노는 뻘'이라 전해진다.

고래불해안은 국내에서 잘 볼 수 없는 긴 사빈 해안으로, 강 하구와 바다가 만나는 곳에 염습지, 해안방재림이 조성되어 생태학적 연구 가치가 높

다. 염습지에는 염생식물이 군락을 이루어 해안생태계의 기반이 되고, 새와 물고기의 피신처와 산란처가 된다. 육지로부터 흘러온 오염물질 여과, 자연재해로부터 육지를 보호하는 역할을 한다.

죽도산 퇴적암 영덕 축산항의 죽도산(79.5m)은 육지와 사주로 연결된 육계도로 제주도의 성산일출봉, 고흥군 도화면의 육계도와 함께 대표적인 육계도다. 김정호의 〈대동여지도〉에는 축산포(지금의 축산항) 앞에 '축산(丑山)'이라는 섬이 보이는데, 단조로운 동해안에 섬이 있었다는 것이 신기하다. 죽도산 육계도는 원래 섬이었다가 파도의 작용으로 모래가 쌓여 육지와 섬이 연결되었다. 육계도는 풍부한 모래와 조류작용이 활발한 섬과 육지 사이에 발달하는데, 섬이 적은 동해안에는 육계도가 잘 나타나지 않아 죽도산 육계도는 지형학적 가치가 높다. 죽도산 정상에는 하얀 등대가 있고, 육계사주 옆에는 바다와 강이 만나는 하구가 있어 염습지가 발달해 있고, 사취와 사빈도 있어 경관이 매우 아름답다. 블루로드 다리 부근과 해안에는 사주의 형성 작용을 직접 관찰할 수 있다.

내연산 12폭포 내연산 군립공원에 속한 내연산은 깊은 계곡물이 보경사까지 약 15km가량 흘러내리는데, 이 청하골에는 서로 다른 모양의 12개의 폭포가 있다. 조선 중기의 성리학자인 정시한은 『산중일기』에서 금강산에도 없는 것이라 극찬했고, 조선 후기의 겸재 정선은 '내연삼용추도(內延三龍湫圖)'에 내연산 12폭포를 그렸다. 1933년에는 경북 8경으로, 지금은 포항 12경으로 지정되었다.

내연산 12폭포를 이루고 있는 암석은 중생대 백악기 말에 형성된 내연산응회암으로, 이 응회암에 다양한 방향의 수직절리가 발달하여 선일대, 신선대, 관음대, 영월대를 만들었다. 폭포의 침식작용으로 만든 폭호와 하식동굴이, 관음폭포(제6폭포) 뒤쪽에는 하식동굴인 관음굴도 있다. 내연산응회암을 관찰하면 고도에 따라 변화하는 반정(유리질이나 매우 작은 결정이 모여 이룬 큰 결정)의 크기와 반정광물의 성분으로 화산의 특징을 알 수 있어 학술적 연구 가치가 높다.

호미곶 해안단구 일출로 유명한 호미곶에서 구룡포에 이르는 지역에는 평균 길이 12km, 평균 폭이 0.8km, 해발고도 20~40m와 5~20m에 이르는 단구층 2개로 이루어진 해안단구가 발달했고, 파식대와 시스택

이 발달했다. 정동진·부산 태종대와 함께 대표적인 해안단구 명소이다. 호미곶이 있는 영일만 일대는 한반도에서 가장 넓은 제3기 지층의 분포지역이며, 이 지층을 기반으로 제4기의 단구지형과 충적평야가 잘 발달되어 있어 제4기의 환경변화와 지형발달 과정을 잘 관찰할 수 있다.

호미곶은 한반도 지형상 호랑이 꼬리에 해당하는 곳으로, 고산자 김정호는 대동여지도를 만들면서 일곱 번이나 답사하여 측정한 뒤 우리나라의 가장 동쪽이라는 것을 확인했다. 16세기 조선 명종 때 풍수지리학자인 격암 남사고는 우리나라 지형상 호랑이 꼬리에 해당한다고 적으면서 천하제일의 명당이라 했고, 육당 최남선은 조선 10경의 하나로 꼽았다.

남산 화강암   경주 남산은 금오봉과 고위봉을 중심으로 남북 8km, 동서 4km의 타원 형태의 화강암 바위산이다. 신라 천 년의 역사를 가진 불상과 왕릉, 궁궐터, 전설 등이 곳곳에 남아 있어 신라 문화의 집결체라 할 수 있다. 유네스코 세계문화유산으로 등록되었고, 사적(제311호)으로 지정되었다. 남산 바위에 새겨진 불상들은 여러 방향으로 발달한 절리들과 어우러져 있고, 절리들이 발달해 생긴 평평한 면에 조각한 것으로 추정되는 불상도 있다.

남산을 이루는 화강암은 우리나라의 화강암 중에서 비교적 최근에 형성된(약 5천만 년 전) A-형 화강암으로 지질학적 연구 가치가 높다. 역사 기록에 경주 일대는 대규모 지진이 있었는데, 열암곡 마애여래입상은 약 40~50도 기울어진 사면에 불안정한 형태로 발견되었고, 원래 위치에서 약 12m 이동했다고 한다. 이처럼 단층과 절리면을 이용해 조각한 불상들과 고지진의 흔적이 있는 불상들은 문화재의 가치뿐 아니라 학술적 가치도 높다.

양남 주상절리군   경주시 양남면 읍천항과 하서항 사이의 양남 주상절리군은 약 1km에 걸쳐 있다. 보통 주상절리는 뜨거운 마그마가 분출하여 차가운 공기와 만나 식으면서 지표면에 수직으로 절리의 방향이 나타나고, 절리 모양은 오각형이나 육각형 형태를 이룬다. 그러나 이곳 해안가에는 수직으로 뻗은 형태의 주상절리뿐 아니라 다양한 방향의 주상절리가 나타난다. 특히 옆으로 누운 방사형 모양의 주상절리는 세계에서도 희귀한 사례로 지질학적 가치가 높다. 이런 희소성과 학술적인 가치로 2012년 천연기념물(제536호)로 지정되었고, 가까이에서 관찰할 수 있도록 파도소리길 산책로가 이어져 있어 동해의 아름다움을 동시에 즐길 수 있다.

뚜벅뚜벅! 지질트레일을 걸어 봐요!

걷는다는 건 좀 더 가까이, 좀 더 자세히, 좀 더 오랜 시간 그곳을 천천히 만나는 것이다. 눈으로 슬쩍 보고 지나치는 것이 아니라 장쾌한 풍경과 세찬 바람 소리, 풀꽃과 바다의 향기, 바위와 모래의 촉감까지 오감으로 오롯이 느끼고 기억하는 것이다. 결코 잊히지 않을 지질명소로 기억될 울진 왕피천과 영덕 블루로드에서 지구 탄생의 시간을 느껴 보자.

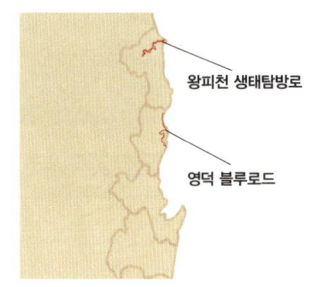

왕피천 생태탐방로

● 왕피천 생태탐방로 2구간 / 9.8km / 약 6시간 소요

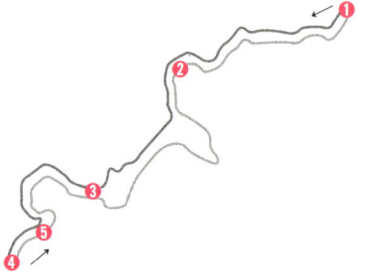

사람의 접근이 어려울 정도로 깊은 울진 왕피천 계곡에는 울창한 원시림과 멸종위기 야생동식물이 살고 있는 중요한 생태계의 보고이다. 깊은 계곡 사이로 오랜 세월 흐르는 맑은 왕피천은 바위를 둥글둥글하고 부드럽게 빚어 놓았다. 왕피천 생태탐방로를 걸으며 지질학적 가치가 높은 이곳을 자세히 관찰해 보자.

①굴구지마을 ⋯ ②상천동 ⋯ ③용소 ⋯ ④회귀지점 ⋯ ⑤봇도장길 ⋯ ①굴구지마을

왕피천탐방로 1

왕피천탐방로 2

왕피천탐방로 3

＊ 더 자세한 정보를 얻고 싶다면 '왕피천 생태탐방로' 홈페이지(http://www.wangpiecotour.com/)를 참고하면 된다. 왕피천 생태탐방로는 모두 4코스가 있다.

영덕 블루로드

● 블루로드 C코스 '목은사색의 길' / 17.5km / 6시간 소요

부산에서 강원도 고성으로 이어지는 해파랑길 688km의 일부인 영덕 블루로드는 영덕 대게공원을 출발하여 축산항을 지나 고래불해수욕장에 이르는 도보여행 64.6km 해안길이다. 맑고 푸른 동해와 풍력발전단지, 대게원조마을, 축산항, 괴시리마을 등 신나는 볼거리가 기다리고 있다. 굵은 땀 흘리며 뚜벅뚜벅 걸으며 태양과 바람, 흥미진진한 지역문화를 함께 느껴 보자.

①영양남씨 발상지 ⋯ ②대소산봉수대 ⋯ ③사진구름다리 ⋯ ④목은이색기념관 ⋯ ⑤괴시리전통마을 ⋯ ⑥대진항 ⋯ ⑦대진해수욕장 ⋯ ⑧덕천해수욕장 ⋯ ⑨고래불해수욕장

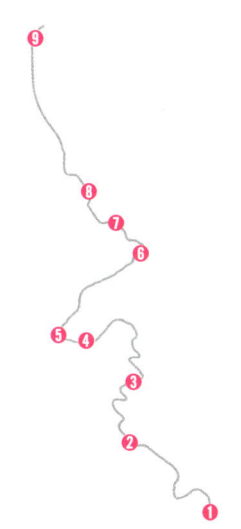

대소산 봉수대

사진구름다리

목은이색기념관

괴리시 전통마을

고래불해수욕장

＊ 더 자세한 정보를 얻고 싶다면 '영덕 블루로드' 홈페이지(http://blueroad.yd.go.kr/ko)를 참고하면 된다. 영덕 블루로드는 모두 4코스가 있다.

지질명소와 함께 보면 더 좋은 곳

다양한 볼거리와 즐길거리가 풍부한 경북 동해안에는 지질명소만 둘러보기엔 아쉬울 만큼 의미 있는 곳들이 곳곳에 있다. 왕피천 끝자락에 자리 잡은 민물고기 생태체험관, 포항 호미곶에 있는 국립등대박물관, 신라 천년의 유물을 만나는 국립경주박물관까지 지질명소의 감동을 배가시켜줄 전시관을 함께 둘러 보자.

민물고기 생태체험관

우리나라 최초의 살아 있는 민물고기 체험관으로 우리나라와 외국에서 살고 있는 민물고기 119종, 4,400여 마리가 헤엄치는 모습을 관찰할 수 있다. 다양한 형태의 민물고기 표본도 진열되어 있으며, 야외생태학습장 및 야외수조에는 비단잉어, 향어, 대두어 같은 큰 물고기와 산천어, 금붕어가 어울려 살고 있고, 현장체험학습장에선 물고기 먹이주기 체험도 할 수 있다.

위치 경상북도 울진군 근남면 불영계곡로 3532
관람안내 054-783-9142~4 | **홈페이지** http://www.fish.go.kr

국립등대박물관

기술의 발달로 점차 사라져 가는 항로표지시설과 장비들을 보존, 전시하고 그 역사를 조사 연구하기 위해 건립했다. 등대관, 해양관, 야외전시장, 테마공원, 체험관까지 항로표지의 역사와 기능을 알 수 있는 상설전시와 특별전시를 하고 있다. 등대와 항로표지를 만지며 체험할 수 있는 체험공간과 등대체험학교 등 다양한 교육프로그램을 열고 있다.

위치 경상북도 포항시 남구 호미곶면 해맞이로 150번길 20
관람안내 054-284-4857 | **관람시간** 9~18시(월요일 휴관, 무료)
홈페이지 http://www.lighthouse-museum.or.kr

국립경주박물관

신라 천년을 한 자리에 만날 수 있는 경주박물관은 1913년 경주고적보존회가 신라 유물을 수집하고 전시하던 것을 박물관으로 정식 개관하고, 가치 있는 신라 유물을 체계적으로 전시 관리하고 있다. 선사시대부터 신라 건국까지 유물을 전시한 고고관, 신라불교 미술품을 전시한 미술관, 안압지관과 옥외 전시장까지 관람할 수 있다.

위치 경상북도 경주시 일정로 186 | **관람안내** 054-740-7500
관람시간 10~18시(일요일, 공휴일은 1시간 연장)
홈페이지 http://gyeongju.museum.go.kr

* 울진 문화관광 http://www.uljin.go.kr/tour
* 영덕 문화관광 http://tour.yd.go.kr
* 포항 문화관광 http://phtour.pohang.go.kr/phtour
* 경주 문화관광 http://guide.gyeongju.go.kr/deploy

흥미진진! 오감으로 즐겨 봐요!

금강소나무 숲길
하늘 향해 곧게 뻗은 금강소나무가 거대한 군락지를 이루고 있는 원시림 보존지역으로, 옛날 보부상들이 울진 흥부장에서 봉화와 영주, 안동의 내륙지방으로 행상을 하며 넘나들던 십이령(열두 고개)을 중심으로 트레일 코스 4구간이 구불구불 이어지고 있다. 특히 이 일대에는 멸종위기종인 산양의 주요 서식지라서 자유 탐방은 금지되고, 반드시 숲길 안내자와 함께 동행해야 한다.

체험장소 경북 울진군 북면 두천리 232, 울진군 금강송면 소광1길 336
체험안내 054-781-7118 | **홈페이지** www.komount.kr/ 숲길 예약(3일전 탐방 예약 필수)

경주 양남 주상절리 '파도소리 힐링투어'
경주하면 떠오르는 석굴암, 불국사가 아닌 경쾌한 파도소리를 들으며 경주의 새로운 얼굴을 만나 볼까? 파도소리 길은 양남 주상절리를 따라 걷는 가벼운 산책 코스로, 넘실대는 푸른 바다와 파도소리를 느끼며 솟은 주상절리, 누운 주상절리, 부채꼴 주상절리 등 다양한 주상절리를 만날 수 있다. 또, 보문관광단지와 보문호, 안압지와 첨성대 자유관람까지 매주 수요일마다 경북관광테마 열차를 타고 경주로 떠나보자.

체험코스 동대구역 출발 - 경주역 도착 - 양남 주상절리 파도소리길 관광 - 보문관광단지 자유관람 - 안압지, 첨성대 자유관람 - 경주역 도착 - 동대구역 도착
체험안내 054-940-2223 | **홈페이지** http://gbct-train.com

영일만 관광 유람선
맑고 푸른 바다에서 바라보는 도시는 어떤 풍경일까? 궁금하다면 해상관광과 도심 경관관광을 접목시킨 크루즈 관광유람선을 타고 동해바다를 달리며 도심 속 낭만여행을 즐겨 보는 건 어떨까? 다양한 선상공연과 이벤트도 함께 즐길 수 있다.

운항코스 동빈내항 - 송도해수욕장 - 포스코 - 환호해맞이공원 - 영일대해수욕장 - 포스코북방파제 - 동빈내항 | **체험안내** 1544-96795 | **홈페이지** http://www.영일만크루즈.kr

바다와 갯벌, 그리고 인간의 어울림
전북 서해안권 국가지질공원

면적
520.3km²
(고창군 316.53km², 부안군 203.77km²)

대상지역
고창군, 부안군

지정
2017년 9월 13일

지질명소
12개소

생명이 살아 숨 쉬는
서해의 지질학습장을 만나 봐요

● 드넓은 서해와 아득히 긴 갯벌이 장쾌하게 펼쳐지는 전북 서해안권 지질공원은 고창군과 부안군에 속해 있다. 원생대부터 신생대 제4기까지 암석 및 퇴적물이 곳곳에 자리 잡고 있어 지질학 발달과정을 관찰할 수 있는 최적의 자연학습장이라 할 수 있다. 이 지역에서 가장 눈 여겨 볼 지질학적 가치는 바로 중생대 백악기 화산암체이다. 이곳 지질명소의 대부분을 차지하는 백악기 화산암체는 우리나라에서 일어난 백악기 화산활동의 과정과, 그 전후에 나타난 다양한 화산분출 작용과 더불어 퇴적작용에 관한 정보까지 고스란히 품고 있다. 원형이나 타원형 모양의 화산암체들은 우리나라 백악기-신생대 화산암류 중 화산체(칼데라)의 형태가 잘 보존되어 지질학적, 학술적 가치도 매우 높다. 서해를 따라 시원하게 펼쳐진 갯벌과 모래 조간대는 우리나라 서해안 해양지질 연구의 중심지이다. 갯벌은 많은 이들의 체험학습장으로 활용하여 갯벌에서 어촌문화를 경험하고, 갯벌 생물을 관찰하는 신기하고 놀라운 경험을 즐길 수 있고, 모래 조간대는 서해안에서 보기 드문 매우 긴 직선형 해안선을 따라서 아름다운 모래 해빈이 펼쳐진다. 뿐만 아니라 변산반도 국립공원과 선운산 도립공원, 유네스코 지정 람사르 습지(줄포만, 운곡 습지)와 고창 생물권 보전지역, 고인돌 세계문화유산 등 국가와 국제기구가 인정할 만큼 빼어난 자연경관을 자랑하는 명소 역시 이곳에 있다.

전북 서해안권 지질공원에는 12개 지질명소가 있는데, 부안군에 있는 지질명소인 직소폭포, 적벽강, 채석강, 솔섬, 모항, 위도는 백악기 당시 한반도의 화산 및 퇴적시스템의 발달과정을 잘 보여주고 있다. 화산암류부터 퇴적암류, 그리고 다양한 변형구조를 동시에 보여주고 있어서 화산학과 퇴적학, 구조지질학에 관한 연구와 교육을 함께 할 수 있는 최적의 장소이다.

고창군에 있는 운곡습지와 고인돌, 병바위, 선운산, 소요산, 고창갯벌(심원갯벌), 고창 명사십리 해안사구는 지금의 지형으로 형성되는 과정에서 생겨난 지질학적 요인과 현재 인간의 삶이 어떻게 어울리는지를 잘 보여주고 있다.

지질명소를 찾아가요!

❶ 직소폭포
전라북도 부안군 변산면 중계리 172
탐방안내 063-582-7808
         (변산반도국립공원 사무소)
홈페이지 byeonsan.knps.or.kr/

❷ 적벽강
전라북도 부안군 변산면 격포리 산35-28
탐방안내 063-582-7808
         (변산반도국립공원 사무소)
         063-580-4191(부안군청)

❸ 채석강
전라북도 부안군 변산면 격포리 301-1
탐방안내 063-582-7808
         (변산반도국립공원 사무소)

❹ 모항
전라북도 부안군 변산면 도청리 203-20
탐방안내 063-580-4191(부안군청)
         063-581-0023
         (격포여객터미널)

❺ 위도
전라북도 부안군 위도면 치도리 155-1
탐방안내 063-580-4191(부안군청)

❻ 운곡습지 및 고인돌군
전라북도 고창군 고창읍 고인돌공원길 74
탐방안내 063-560-8666(고창군청)
홈페이지 http://www.gochang.go.kr

❼ 병바위
전라북도 고창군 아산면 반암리 산126
탐방안내 063-560-2454~8(고창군청)

❽ 선운산
전라북도 고창군 아산면 선운사로 158-6
탐방안내 063-560-8681
         (선운산도립공원 사무소)
관람요금 유료
홈페이지 http://www.gochang.go.kr/seonpark

❾ 심원갯벌
전라북도 고창군 심원면 만돌리 735-1
탐방안내 063-560-2454~8(고창군청)

❿ 고창 명사십리 및 구시포
전라북도 고창군 상하면 용정리 산28-1
탐방안내 063-560-2454~8(고창군청)

⓫ 솔섬
⓬ 소요산

관람시간과 관람요금 등은 현지 사정에 따라 변경될 수 있다.
더 많은 것이 궁금하다면 전북 서해안권 지질공원 홈페이지
(http://www.jbgeopark.kr/) 참고.

두근두근! 지질명소를 알아봐요!

고창군과 부안군에 걸쳐 있는 전북 서해안권 지질공원에는 변산반도국립공원과 람사르 습지, 유네스코 세계문화유산에 속하는 빼어난 가치가 있는 지질명소를 품고 있다. 바다와 갯벌, 섬, 산까지 자연환경이 오랜 시간 공들여 빚은 12개 지질명소 중 대표적인 10곳을 만나 보자.

직소폭포

봉래계곡 가장 상류의 직소폭포는 변산반도에서 제일 큰 폭포로, 약 30m 높이에서 쏟아진다. 둥근 못으로 곧바로 물줄기가 떨어져 직소폭포라 한다. 폭포 아래는 용소(1.5km^2)와 포트홀(돌개구멍)이 있으며, 가뭄이 심할 때 현감이 이 용소 앞에서 기우제를 지냈다고 전해진다.

변산응회암으로 이루어진 직소폭포 주변에는 다양한 형태의 주상절리를 관찰할 수 있다. 주상절리는 최대 약 1m 미만의 오각형과 육각형이며, 수직으로 수 m에서 수십 m 이상 줄지어 선 기둥 모양인 콜로네이드 형태이다. 화산쇄설물이 퇴적된 후 빠르게 냉각되고 수축하는 과정에서 주상절리가 만들어졌다. 이때 다각형의 절리가 만들어지고, 길쭉한 콜로네이드를 형성했다.

지표에 노출된 주상절리 내 절리면이 쉽게 풍화되고 침식되는 기계적 풍화작용도 관찰할 수 있으며, 직소폭포 주변을 이루는 응회암에서 볼 수 있는 용결조직과, 물의 침식작용으로 생긴 폭포의 형성 원리도 이해할 수 있어 지질학적으로 가치가 높다.

적벽강

적벽강은 독특하게도 해안이 붉은색 암반과 절벽으로 되어 있다. 석양이 비추면 오색찬란한 빛이 절경을 이루는데, 중국의 송나라 소동파가 즐겨 찾던 적벽강과 흡사하여 이름 붙여졌다고 한다. 적벽강과 채석강은 변산반도를 대표하는 절경으로 2004년 명승(제13호)으로 지정되었다.

백악기 후기 거대한 호수 아래 퇴적된 격포리층이 지질운동으로 솟아올랐다 침식되면서 적벽강이 만들어졌다. 또, 차가운 퇴적물과 뜨거운 유문암질 용암이 만든 페퍼라이트, 빠르게 냉각되면서 형성된 유문암 주상절리, 퇴적암과 그 내부에 발달한 변형구조(역단층, 정단층 등)도 관찰할 수 있다. 무엇보다도 퇴적암인 셰일과 화산암인 유문암의 경계 부분에 성질이 다른 두 암석의 상호작용으로 만들어진 페퍼라이트를 볼 수 있다. 페퍼라이트는 굳지 않은 축축한 퇴적물 위에 뜨거운 용암이 덮치면서 퇴적물 속 수분이 고열 때문에 폭발하고, 하중에 의해 쌓이면서 퇴적물과 용암이 뒤섞여 형성된다. 적벽강은 우리나라에서 페퍼라이트의 특징을 가장 잘 관찰할 수 있는 곳이다.

채석강

변산반도 서쪽 끝 격포항 닭이봉 일대 1.5km에 이르는 층암절벽과 바다를 채석강이라 한다. 중국 당나라 시인인 이태백이 달그림자를 보면서 풍류를 즐긴 채석강의 경치와 견줄 만해 채석강이라 불렀다. 이름에는 강이 붙었지만, 바다에 접해 있다. 채석강의 절벽은 차곡차곡 쌓인 퇴적암이 마치 책 수만 권을 쌓아 올린 것 같고, 시루떡을 쌓아놓은 것 같다.

약 7,000만 년 전 중생대 백악기부터 바닷물의 침식을 받으면서 쌓인 이 퇴적암은 격포리층으로, 역암 위에 역암과 사암, 사암과 이암의 교대층, 셰일, 화산회로 이루어졌다. 이런 퇴적 환경은 과거 이곳이 깊은 호수였고, 호수 밑바닥에 화산분출물이 퇴적되었다는 것을 짐작해 볼 수 있다. 또 이 절벽에서 단층과 습곡, 관입구조, 파식대 등도 쉽게 관찰할 수 있어 지형과 지질학습에 좋다. 파도의 침식작용으로 만들어진 해식애, 평평한 파식대, 해식동굴도 발달했다. 채석강 바닥에는 자갈과 파도의 합작품인 돌개구멍이 발달했는데, 밀물 때 들어온 바닷물이 고여서 생긴 조수웅덩이도 곳곳에 있다.

모항

모항 지역은 중생대 백악기 화성활동으로 만들어진 화산암류들이 분포하고, 화성쇄설물이 퇴적된 화산력응회암으로 이루어졌다. 특이하게도 화산력응회암 안에 두 개의 석영맥이 교차하여 마치 생선뼈처럼 보이는 광맥계도 나타난다. 또, 일반적인 페퍼라이트 형성 과정과는 다르게 고온의 화산쇄설물 위로 뜨거운 마그마가 뒤섞여 만들어진 페퍼라이트도 있다. 적벽강의 페퍼라이트는 물이나 습기를 머금은 퇴적암과 상호작용으로 형성되는데, 모항의 페퍼라이트는 서서히 식어가는 화산쇄설물에 고온의 마그마의 관입으로 생성되어, 일반 페퍼라이트 형성 과정과 차이가 있다. 이것은 퇴적물 안의 물이 페퍼라이트 형성에 절대적 요인이 아니라는 것을 보여주고 있어 지질학적으로 중요하다.

위도

변산반도의 서쪽 바다 약 13km 떨어진 곳의 위도는 섬이 고슴도치 같다 하여 '고슴도치 위(蝟)' 자를 쓴다. 섬의 최대 길이 약 8km, 최단 길이는 약 4km이다. 허균이 『홍길동전』에서 꿈꾸었던 율도국으로 알려진 섬이다. 위도 바다는 황금어장이라 1970년대 초까지 봄·가을마다 파시가 열렸다. 위도를 이루는 위도화산암은 대리안산암, 망령봉응회암, 벌금리층, 판달래응회암, 유문암 그리고

상기 암석을 관입하는 맥암류로 이루어졌다. 이 중 위도의 북부 해안을 따라 분포하는 벌금리층은 전형적인 쇄설성 퇴적암으로 두께는 약 100m 이상으로 추정된다. 벌금리 퇴적암은 과거 호수바닥에서 퇴적된 고농도의 저층류에 의해 쌓인 퇴적층의 퇴적구조를 관찰할 수 있다. 또, 위도 소리마을에는 안산암과 유문암질 화산력 응회암의 경계, 화산력 응회암의 하부에 나타나는 유변성 조직, 안산암의 자가각력암, 중성암맥의 관입구조도 볼 수 있다.

운곡습지 및 고인돌군   고창군 운곡리 일대의 운곡습지(약 57만 평)는 산지습지로, 2011년 람사르 습지에 등록되었다. 과거에는 계단식 논이었는데, 농사를 짓지 않자 놀랍게도 생태계가 회복되면서 본래의 산지습지로 자연 복원되었다. 습지 바닥의 기반암은 백악기 선운산화산암에 해당하는 용산리유문암이다. 이 지역은 운곡저수지와 습지자원(하천, 연못 등)을 중심으로 자연 정화와 천이가 진행되어 보전 가치가 높으며, 화시봉 아래 고창 고인돌 유적과 서산산성 등 역사문화 자원이 있다.

고창에는 무게가 300톤에 이르는 아시아 최대의 고인돌이 분포한다. 고인돌은 큰 바위로 무덤을 만든 것으로, 선사시대의 기술과 사회문화를 이해할 수 있다. 고창 고인돌군 지역 인근의 고인돌 채석장에서는 큰 바위를 채굴하고 이동한 과학적 원리를 이해할 수 있다. 약 23곳의 채석장에는 쐐기구멍으로 추정되는 곳과 다양한 채석 흔적이 있다. 고인돌은 유문암과 유문암질 화산력응회암, 데사이트(석영안산암) 등이 사용되었다.

선운산   '호남의 내금강'이라고 하는 선운산(336m)의 옛 이름은 도솔산인데, 유명한 사찰인 선운사가 있어 선운산이 되었다.

1979년 선운산도립공원으로 지정되었고, 산 입구부터 약 4km에 동백나무숲(천연기념물 제184호)이 이어져 꽃이 피면 장관을 이룬다. 선운사에서 도솔암에 오르는 길목의 진흥굴(길이 10m, 높이 4m)은 신라 진흥왕이 왕위를 버리고 중생구제를 위해 도솔왕비와 중애공주를 데리고 입산·수도한 곳이다. 진흥굴은 유문암질 응회암이 퇴적된 후 냉각되면서 생긴 절리가 발달했는데, 이 절리에 생긴 동굴에 사람이 살았다는 것은 지질학적, 문화적으로 중요하다.

낙조대와 천마봉 일대는 유문암으로 이루어졌는데, 이 유문암은 주변의 응회암보다 단단하고 치밀하여 풍화에 강하다. 유문암과 응회암 간의 차별 풍화작용이 생기면서 주로 유문암이 수직에 가까운 암석 절벽을 이룬다. 도솔암의 마애불상은 고려시대에 조각한 미륵불로, 명치끝에 검단선사가 쓴 비결록을 넣었다는 감실이 있다. 마애불상 아래에는 점성이 강한 유문암질 마그마가 흐르면서 생긴 유동구조가 나타나고, 마애불의 붉은색은 유문암에 포함된 산화철이 풍화된 것이다.

병바위 고창군 아산면 반암리에 우뚝 솟은 병바위는 신기하게도 병을 뒤집은 모양이다. 신선이 술에 취해 술상을 발로 찼는데 이때 술병이 거꾸로 꽂혀 병바위가 되었다는 전설이 전해진다.

병바위는 유문암이 풍화와 침식을 받아 만들어진 것인데, 주변 화산력응회암보다 단단하고 치밀하여 풍화에 강해 남아 있는 것이다. 화산재와 암편으로 이뤄진 주변 암석은 쉽게 부서지지만, 유문암은 암질이 단단해 잘게 부서지지 않고 큰 절리로 쪼개져 절벽을 이루는 기암괴석이 잘 만들어진다. 병바위는 유문암과 화산력응회암 사이의 차별적 풍화작용으로 가파른 수직 암석 단애를 이루며, 전형적인 타포니 구조도 관찰할 수 있다.

심원갯벌 고창군 심원면의 하전갯벌과 만돌갯벌을 포함한 심원갯벌은 우리나라 서해안을 대표하는 곰소만 갯벌의 일부다. 갯벌은 머드와 같은 세립질 퇴적물을 공급하는 강과 하천이 가까운 곳, 조석간만의 차가 큰 완만하고 평탄한 해안에 형성된다. 서해안 갯벌은 캐나다 동부 해안, 미국 동부해안, 북해 연안 및 아마존강 유역과 함께 세계 5대 갯벌 중 하나다.

갯벌은 생물의 서식처로 생물종이 다양하며, 육지에서 흘러온 오염을 정화하는 역할을 해 생태학적으로도 매우 중요하다. 고창 갯벌은 전북 갯벌(약 $114km^2$)의 약 65% 면적을 차지하는데, 하전갯벌과 만돌갯벌은 우리나라 서해안 갯벌 연구의 중심지로 람사르 습지와 유네스코 생물권보전지역의 핵심 지역이다.

고창 명사십리 및 구시포 아름다운 모래 해빈으로 유명한 고창 해안은 약 8.5km나 직선으로 이어진 서해안에서 보기 드문 직선형 해안이다. 고창 해안은 평균 조차가 약 4m 이상인 대조차 환경으로 주기적으로 드러나는 조간대 환경은 모래 퇴적물로 이루어졌다. 세계적으로도 드문 이런 개방형 대조차 환경의 해안에서 넓고 긴 모래 조간대 퇴적층을 관찰할 수 있다.

고창 해안에는 해빈과 가까운 곳에 풍성 해안사구가 있는데, 이 사구는 바람에 의해 퇴적된 파장 50cm 이상의 작은 언덕이나 능선이다. 이곳은 약 600m 이상의 넓은 모래질 조간대 환경과 강한 북서 계절풍의 영향으로 모래 공급이 쉬워 해안사구 형성에 유리한 조건을 갖고 있다. 사구에는 해송과 다양한 사구식물이 자라고 바람, 해일로부터 해안 마을을 보호하는 완충 역할도 하고 있다.

뚜벅뚜벅! 지질트레일을 걸어 봐요!

자동차로 휙 달려 지나치는 것보다 천천히 걸어서 만나는 풍경은 더 오래, 더욱 생생하게 기억된다. 수억 년 이 땅의 변화를 한눈에 살필 수 있는 채석강과 적벽강을 만날 수 있는 변산 마실길, 활짝 핀 동백꽃이 온 마음을 사로잡는 선운산 길을 걸으며 이 땅의 신비로움을 다시 한 번 느껴 보자.

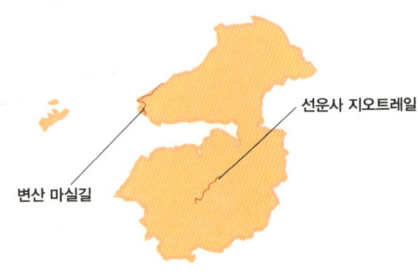

변산 마실길

● 제3코스 적벽강 노을길 / 7km / 2시간 소요

바다와 대화하고 갯벌과 벗하며 걷는 부안 마실길 가운데 채석강과 적벽강까지 빼어난 지질명소를 만날 수 있는 멋진 길이다. 넘실대는 서해를 바라보면서 갯벌과 해수욕장, 후박나무군락지, 소나무숲과 오래된 마을까지 변산반도국립공원의 다양한 볼거리를 한 번에 만날 수 있다.

① 격포항 … ② 채석강 … ③ 격포해수욕장 … ④ 수성당(용궁) … ⑤ 적벽강 … ⑥ 반월마을 … ⑦ 성천

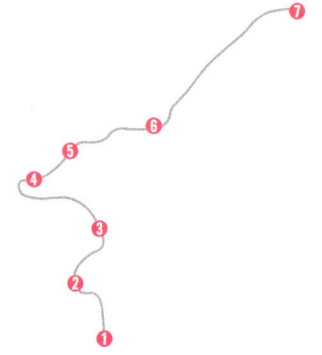

채석강

격포해수욕장

후박나무군락지

* 더 자세한 정보를 얻고 싶다면 부안군청 문화관광 홈페이지(http://www.buan.go.kr/tour)를 참고하면 된다.

선운사 지오트레일

● 4km / 1시간 30분 소요

여름이면 푸른 나무 아래 꽃무릇이 붉게 수놓고, 가을이면 울긋불긋 물들인 단풍으로 갈아입는 선운산의 아름다운 풍경을 즐길 수 있는 길이다. 지질학적으로 의미 있는 진흥굴과 도솔암, 용문굴, 낙조대를 차례차례 만날 수 있다.

①선운산 탐방안내소 ⋯▶ ②선운사 ⋯▶ ③진흥굴 ⋯▶ ④도솔암 마애불 ⋯▶ ⑤용문굴 ⋯▶ ⑥낙조대 ⋯▶ ⑦천마봉

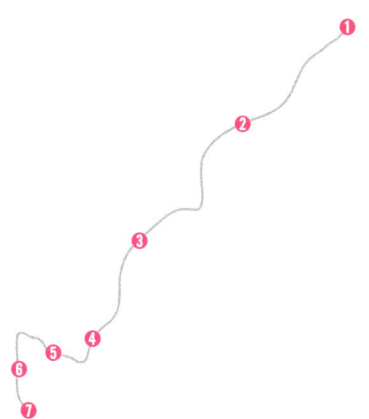

천마봉

진흥굴

도솔암 마애불

용문굴

낙조대

천마봉

지질명소와 함께 보면 더 좋은 곳

지질공원만 둘러보고 발길을 돌리기 아쉽다면 부안과 고창의 의미 있는 곳을 찾아가 보자. 유네스코 세계문화유산으로 등재된 고창 고인돌 유적을 관찰하면서 옛 사람들의 생활을 이해하고, 신재생에너지 테마파크에서는 지금 우리가 쓰고 있는 에너지가 어디서 오고 어떤 문제점이 있는지 생각해 보자.

고인돌박물관

우리나라에는 약 3만여 기의 고인돌이 있는데, 이 중 고창에는 약 2천여 기가 있다. 고창 고인돌 유적은 세계에서도 가장 밀집도가 높고 다양한 형식의 고인돌이 있다. 1965년 문화재 지표조사를 시작으로 수차례의 발굴 및 지표조사와 연구를 하여 2000년 12월 세계문화유산으로 등재되었다. 고창 고인돌박물관은 청동기시대의 다양한 유물과 생활상, 세계의 고인돌 문화를 한눈에 살펴볼 수 있다.

위치 전라북도 고창군 고창읍 고인돌공원길 74
관람안내 063-560-8666 | **관람시간** 9~18시(동절기 9~17시)
관람요금 유료 | **홈페이지** http://www.gochang.go.kr/gcdolmen

줄포만갯벌생태공원

부안군 줄포면과 보안면에 위치한 줄포만갯벌에는 부드러운 펄에 칠면초 같은 염생식물과 100종이 넘는 생물종이 살고 있어 2010년 람사르 습지로 등록되었다. 10만 평이나 되는 갈대숲, 해국, 찔레, 함초, 바다잔디 같은 식물과 농발게와 참게 같은 해양생물을 관찰할 수 있다.

위치 전라북도 부안군 줄포면 생태공원로 38
관람안내 063-580-3171~8 | **관람요금** 시설 사용료와 체험료 유료
홈페이지 https://julpoman.buan.go.kr

신재생에너지 테마파크

기후변화 문제를 극복하기 위해 태양광과 지열, 풍력, 바이오 등 신재생에너지에 대한 관심이 높아지고 있다. 변산반도의 신재생에너지 테마파크에서 안전하고 깨끗하고 고갈 걱정 없는 미래에너지를 만나자. 테마체험관에는 에너지의 이해와 신재생에너지의 종류, 그린시티, 에너지가든, 그린에너지 하우스 등 다양한 정보가 있다.

위치 전라북도 부안군 하서면 신재생에너지로 10(테마체험관)
관람안내 063-580-1400 | **관람시간** 9~18시(동절기 9~17시)
관람요금 유료 | **홈페이지** http://nrev.or.kr

* 부안 문화관광 http://www.buan.go.kr/tour
* 고창 문화관광 http://www.gochang.go.kr/culture

흥미진진! 오감으로 즐겨 봐요!

하전갯벌 생태체험

고창군 심원면 하전마을 해안선에는 광활한 갯벌 10km가 펼쳐져 있는데, 이곳에서 연간 4,000톤의 바지락을 수확하고 있어 전국 최대 바지락 생산지로 유명하다. 갯벌의 생명력과 아름다움 때문에 해양수산부가 지정한 아름다운 어촌 100곳에 선정되기도 했다. 경운기를 이용한 갯벌택시 타기, 바지락 캐기 같은 다양한 체험프로그램을 할 수 있고, 바지락을 캐고 바다생물을 잡아서 가져갈 수도 있다. 고창군 심원면 만돌리에서도 갯벌 체험을 할 수 있다.

체험장소 전라북도 고창군 심원면 서전길 30 | **체험안내** 063-563-0117
홈페이지 http://hajeon.invil.org

모항갯벌 체험장

아름다운 변산반도의 풍경과 서해의 시원한 바람을 즐기며 갯벌 체험을 해 보자. 해안선을 따라 길게 이어진 서해의 천연 갯벌에는 다양한 바다생물이 살고 있어 조개 캐기 등의 체험과 발이 푹푹 빠지는 갯벌에서 게 잡기, 진흙놀이를 할 수 있다. 이렇게 갯벌과 놀다 보면 갯벌에 대한 호기심과 자연생태에 대한 이해를 높일 수 있다. 가족 여행이나 생태체험 학습관광으로 누구나 함께할 수 있다.

체험장소 전라북도 부안군 변산면 모항길 107 | **체험안내** 063-584-7788
홈페이지 www.mohangmud.com

고창 청보리밭 축제

논은 전국 곳곳에서 쉽게 볼 수 있지만 보리밭은 쉽게 볼 수 없다. 우리가 먹는 보리는 어떻게 농사짓는 걸까? 또 쌀과 달리 수확은 언제 하는 걸까? 청보리가 익어가는 고창 들녘에서 신나는 축제를 즐기며 이런 궁금증을 해결해 보자. 청보리밭 사잇길 걷기, 보릿골 체험, 전통 농업유산 전시, 청보리밭 사진전, 문화공연 등 다양한 상설행사와 체험행사를 열고 있다.

체험장소 전라북도 고창군 공음면 학원농장길 158-6(내비게이션에 선동초등학교)
체험시기 4월 중순~5월 중순 | **홈페이지** http://www.gochang.go.kr/chungbori

교과연계

1. 초등학교 교육과정 분석

4학년 과학

단원명	2015성취기준	탐구활동
(11) 화산과 지진	[4과11-01] 화산 활동으로 나오는 여러 가지 물질을 설명할 수 있다.	화산 활동 모형 만들기
	[4과11-02] 화성암의 생성 과정을 이해하고 화강암과 현무암의 특징을 비교할 수 있다.	화강암과 현무암 관찰하기
	[4과11-03] 화산 활동이 우리 생활에 미치는 영향을 발표할 수 있다.	화산과 지진의 피해 사례 조사하기

초등학교에서 배우는 지질분야는 화산활동으로 인해 생성되는 암석과 화산활동의 생성과정 그리고 지진으로 인한 피해에 대해서 배우는 것이 중심이다. 지질공원 중 화산활동으로 인한 결과물을 가장 많이 볼 수 있는 곳은 제주도 국가지질공원이다. 제주도는 신생대 제4기에 화산의 분출로 생성되었으며 그 원형이 잘 보존되어 있으므로 학습에 많은 도움이 될 것이다. 그 다음으로 화산지형을 잘 볼 수 있는 곳은 울릉도·독도 국가지질공원이다. 이외에 청송 국가지질공원, 강원평화지역 국가지질공원, 무등산권 국가지질공원, 한탄·임진강 국가지질공원에서 볼 수 있다. 특히 한탄·임진강 국가지질공원의 대교천 현무암 협곡은 현무암을 관찰할 수 있는 좋은 사례로 제시할 수 있다.

독도는 울릉도보다 약 200만 년, 제주도보다 약 340만 년 전에 만들어졌고, 해저 약 2,000m에서 솟은 용암이 굳으며 만들어진 섬으로 지질의 역사를 탐구할 수 있는 학습장이라고 할 수 있다. 울릉도와 독도의 아름다운 절경 그 자체가 화성암의 표본이며 생성속도에 따라 화강암과 현무암으로 나눠지는 것을 볼 수 있을 것이다. 화강암의 사례는 부산 국가지질공원에서 볼 수 있다. 수려한 풍광을 자랑하는 금정산의 경우 화강암질암으로 구성되어 있어 화강암의 사례를 보여주기에 좋다. 또 다른 화강암을 볼 수 있는 곳은 청송 국가지질공원, 강원평화지역 국가지질공원, 무등산권 국가지질공원, 한탄·임진강 국가지질공원, 경북 동해안 국가지질공원 등 내륙의 지질공원 등이다.

2. 중학교 교육과정 분석

1학년 과학

단원명	2015성취기준	탐구활동	해설
(1) 지권의 변화	[9과01-01] 지구계의 구성 요소를 알고, 지권의 층상 구조와 그 특징을 설명할 수 있다.	지구 내부 구조 모형 만들기	지구계의 구성 요소 및 지권을 구성하는 각 층의 명칭과 상태만 다루며, 지구 내부구조 탐사에서 지진파의 특성은 다루지 않는다.
	[9과01-02] 지각을 이루는 암석을 생성 과정에 따라 분류할 수 있으며, 암석의 순환 과정을 설명할 수 있다.		지각에 분포하는 다양한 암석을 화성암, 퇴적암 및 변성암의 대표 암석 수준에서 다루며, 이러한 암석들이 풍화 작용과 지각 변동 등에 의해 다른 암석으로 변하는 순환 과정을 다룬다.
	[9과01-03] 조암 광물의 주요 특성을 관찰하고, 암석이 다양한 광물로 구성되어 있음을 설명할 수 있다.	울릉도·독도 국가지질공원 광물 특성 관찰과 암석 분류하기 국가지질공원의 암석 조사하기	광물의 특성은 색, 조흔색, 굳기, 염산 반응, 자성만 다루고, 굳기는 방해석과 석영 정도만 비교하여 예시한다.
	[9과01-04] 풍화 과정을 이해하고, 토양 생성 과정을 풍화 작용의 예로 설명할 수 있다.		

단원명	2015성취기준	탐구활동	해설
(1) 지권의 변화	[9과01-05] 대륙이동설을 이해하고 지진과 화산이 발생하는 지역의 분포를 판의 경계와 관련지어 설명할 수 있다.	화산대와 지진대 알아보기	대륙이동설은 대륙은 정지된 것이 아니라 과거부터 계속 움직여왔음을 베게너가 제시한 여러 증거를 근거로 설명한다. 화산대와 지진대의 분포가 판의 경계와 일치한다는 정도만 다루고, 판 경계에서 나타나는 다양한 지질학적 특성은 '통합과학'에서 다룬다.

중학교에서는 조암광물, 암석의 순환과정, 풍화과정 등을 공부해야 하며 특히 교육과정에서 조암광물을 공부할 때 '국가지질공원의 암석 조사하기'와 '울릉도·독도 국가지질공원광물 특성 관찰과 암석 분류하기'가 예시로 되어 있다. 특히 한탄·임진강 국가지질공원의 포천 아트밸리에는 일명 포천석이라는 화강암과 석영, 사장석, 흑운모, 알칼리장석류를 볼 수 있다. 풍화작용의 경우 역시 같은 공원의 한탄강 좌상바위를 보면 세로 방향으로 띠가 보이는데 이것은 빗물과 바람에 의해 풍화가 된 것이다. 울릉도·독도 국가지질공원의 성인봉은 화산활동으로 돌출된 화성암이지만 식물이 자라는 것을 볼 수 있는데 이것은 오랜 세월동안 풍화와 침식에 의해서 화성암이 토양으로 변하여 가능한 것으로 해석하여 토양의 생성과정으로 인한 결과라는 것을 보여 줄 수 있다.

이 책자에 실린 풍경위주의 사진으로는 '울릉도·독도 국가지질공원 광물 특성 관찰과 암석 분류하기', '국가지질공원의 암석 조사하기'를 참고하기는 어렵다. 지질공원을 찾아가 광물을 확대한 사진을 촬영해 학습자료로 활용한다면 지질공원과 광물의 관련성을 공부하는데 도움이 될 것이다.

3. 고등학교 교육과정 분석

지구과학 I

단원명	2015성취기준	해설
(1) 지권의 변동	[12지과 I 01-04] 변동대에서 마그마가 생성되고, 그 조성에 따라 다양한 화성암이 생성됨을 설명할 수 있다.	판의 경계부에서 안산암질, 유문암질, 현무암질 마그마가 생성된다는 것을 다룬다. 마그마 조성의 차이가 있다는 것만 다루고 현무암질, 유문암질 등의 상세한 특성은 다루지 않는다.
(2) 지구의 역사	[12지과 I 02-01] 지층에서 나타나는 다양한 퇴적 구조와 퇴적 환경의 관계를 설명할 수 있다.	지층 형성의 과정에서 지층 형성 구조와 더불어 퇴적암이 만들어지는 과정을 설명한다. 퇴적암 내에 기록된 다양한 퇴적 구조로부터 퇴적 작용이 일어난 환경을 살필 수 있도록 하며, 대표적인 퇴적암 지형으로부터 해당 퇴적 환경의 특징을 설명한다.
	[12지과 I 02-02] 다양한 지질 구조의 생성 과정과 특징을 설명할 수 있다.	지각 변동에 수반된 다양한 지질 구조의 형성 과정을 이해하도록 하며, 대표적인 지질구조(관입, 포획암, 부정합, 습곡, 단층, 절리)의 종류와 특징을 구별함과 동시에, 사진자료를 통해 확인한다.
	[12지과 I 02-03] 지층의 선후 관계 해석에 사용되는 다양한 법칙을 통해 지구의 역사를 추론할 수 있다.	지층 형성의 선후 관계를 결정짓는 법칙들(수평퇴적의 법칙, 지층누중의 법칙, 동물군천이의 법칙, 관입의 법칙, 부정합의 법칙 등)을 이해하고, 시간과 암석에 따라 층의 순서를 결정하고 지구의 역사에 대해 설명한다.
	[12지과 I 02-05] 지질 시대를 기(紀) 수준에서 구분하고, 화석 자료를 통해 지질 시대의 생물 환경과 기후 변화를 해석할 수 있다.	지질 시대의 환경을 다루면서, 표준 화석으로 살펴본 고생물, 지질 시대를 결정하는 생물의 변천, 지구 환경의 변화 등을 다룬다. 대(代) 수준의 지질 시대 구분이 세부적으로 기(紀) 수준으로 구분됨을 이해하고, 구분된 지질 시대의 특징을 화석 자료 및 지각 변동의 역사를 통해 확인함으로써 지구 환경의 변화를 설명한다. 지구의 역사를 통하여 기후가 어떻게 변해왔는지를 고기후 연구 방법을 조사하여 설명하되, 고기후 연구 방법만 소개하고 자세한 메커니즘은 다루지 않는다.

고등학교 지구과학 I에서는 중학교에서 배운 암석의 순환과 조암광물에 대한 지식을 바탕으로 좀 더 자세한 조암광물을 분류와 지층이 형성되면서 나타나는 구조로 배운

다. 이를 통해서 지질 구조의 층상의 선후관계를 파악하여 지질 시대를 구분 것으로 확장한다. 실제 암석들은 화성암과 화산암으로 단순하게 구분되지 않으며 좀 더 자세한 구분에 의해서 동정(同定, identification)된다. 이때 필요한 것은 조암광물의 종류와 암석의 구조이다. 이에 대한 예시를 이 책의 자료로 활용할 수 있다. 그리고 가장 활용도가 높을 것으로 예상되는 것은 지층의 구조를 설명할 때 사용되는 관입, 부정합, 습곡, 절리 등의 예시 자료이다. 수업시간에 각 구조를 설명하고 이 책을 예시로 설명하면 좋을 것이다. 그리고 수업에 활용도를 높이기 위해서 이러한 구조를 확대한 그림과 상세한 설명이 추가된다면 더욱 좋은 수업자료가 될 것이다. 각 지질공원 홈페이지에 접속하면 확대된 사진과 각 지질공원에 얽힌 이야기를 볼 수 있으므로 스토리텔링이 가능한 수업이 될 것이다.

각 지질공원과 가까운 학교들은 답사를 계획하여 실행할 수 있을 것이다. 지질공원은 아니지만 화성공룡알화석산지에서 자연탐사학교와 한국지구과학교사협회가 공동 주최하고 (사)대한지질학회가 후원하는 '토요일에 찾아가는 지질-화석 탐사'를 2016년 4월 9일에 약 80여 명의 중고생과 15명의 교사가 함께 지질 탐사를 실시하였다. 무등산권 국가지질공원에서는 학생들을 대상으로 지질실험, 박물관 답사를 실시하고 있는데 고등학교에서 지질, 지리, 문화, 생태, 천문 등 여러 가지 주제를 융합한 테마 수학여행을 기획할 수 있으며 이 책을 활용하면 도움이 될것이다.

지구과학 II

단원명	2015성취기준	해설
(2) 지구 구성 물질과 자원	[12지과II02-03] 화성, 변성, 퇴적 작용을 통해 광상이 형성되는 과정을 예를 들어 설명할 수 있다.	암석에서 관찰할 수 있는 조직의 종류를 알아보고, 조직적 특징을 이용하여 암석을 구분하고 암석의 형성 환경을 설명한다.
	[12지과II02-04] 광물과 암석이 우리 생활의 여러 분야에 다양하게 이용되는 예를 조사하여 발표할 수 있다.	화성, 변성, 퇴적 작용을 통해 광상이 형성되는 과정을 이해하고, 대표적인 광상에 수반되는 자원의 종류를 조사하여 설명한다.
	[12지과II02-05] 해양에서 얻을 수 있는 에너지와 물질 자원의 종류와 분포를 알고, 이를 활용하는	우리 생활에서 활용되는 암석과 광물의 사례를 조사하여 발표함으로써 지구의 구성 물질이 실생활에 유용하게 쓰일 수 있음을 이해한다.

		사례와 자원 개발의 중요성을 조사하여 발표할 수 있다.	세계적인 자원의 추이를 조사하여 발표하며, 해양과 지질 자원의 현황과 개발의 중요성에 대해 이해한다.
(3) 한반도의 지질		[12지과II03-02] 한반도의 지질 자료를 통해 한반도의 지사를 설명할 수 있다.	한반도의 지체 구조(경기육괴, 옥천대, 영남육괴, 경상분지)를 살펴보고, 지질분포의 경우 시대별(선캄브리아 변성암복합체, 조선누층군, 평안누층군, 경상누층군, 중생대~신생대 화성 활동)로 구분해 보고, 대표적인 지각 변동의 특징을 파악한다.
		[12지과II03-03] 한반도 지질의 구조적인 특징 자료 분석을 통해 한반도 주변의 판구조 환경에 대해 조사하여 발표할 수 있다.	한반도 주변의 판구조 환경을 이해하고, 현재의 모습으로 한반도가 형성된 과정을 시기별로 알아본다.
		[12지과II03-04] 한반도의 기반을 이루는 선캄브리아 변성암 복합체를 통해 광역 변성 작용을, 중생대 화성 활동과 주변 퇴적암의 관계를 통해 접촉 변성 작용을 설명할 수 있다.	지각 변동으로 인해 일어난 광역 변성 작용과 뜨거운 마그마가 관입하여 기반암을 열 변성시키는 접촉 변성 작용의 차이를 이해하고, 대표적인 변성암으로부터 변성 작용의 종류와 변성 정도를 설명한다.

 지구과학Ⅱ는 지구과학Ⅰ에서 다루지 못했던 좀 더 전문적인 지식과 응용을 다룬다. 암석과 광물의 경우도 광물 자체보다 광물자원이 모여 있는 광상을 배운다. 광상은 경제적 가치가 있는 광물자원들이 모여 있는 곳을 말한다. 이 역시 암석의 성인에 따른 분류와 같이 마그마광상, 퇴적광상, 변성광상으로 나뉜다. 광상의 이해는 암석의 생성과정에 대한 이해와 자원으로서 광물에 대한 이해가 더해진 심화되고 응용된 분야이다. 여기에 한반도의 지질구조의 특징과 자료 분석을 배움으로써 한반도가 형성된 과정을 이해하고 앞서 배운 광상자원을 이용할 수 있는 기초를 닦는다.

 이런 차원에서 지구과학Ⅱ에서는 해양자원과 한반도의 지질구조를 설명할 때 이 책을 활용할 수 있다. 지구과학Ⅱ에서 사용할 수 있는 자료는 사진 자료보다 전체 맥락을 이해할 수 있는 읽기자료로 활용하는 것이 더 적절해 보인다. 학생들로 하여금 부분적으로 읽게 하거나 교사가 해당부분을 발췌해서 학생들에게 제공하면 효과가 있을 것이다.

용어설명

화산지대

마그마	땅속에서 뜨거운 열을 받고 녹아 액체 상태로 변한 암석 물질
용암	지하에 녹아있던 마그마가 지각의 약한 틈을 타고 지표 위로 분출하여 녹아있는 상태
용암돔	여러 번의 용암 유출로 형성된 돔 모양의 산
화강암	지하 깊은 곳에서 마그마가 서서히 굳어진 암석
응회암	화산재가 쌓여서 굳어져서 만들어진 퇴적암
유문암	화성암 중 규장질 성분을 지닌 화산암
용결응회암	뜨거운 화산재가 엉겨 붙어 만들어진 치밀하고 단단한 암석
절리	바위에 일정한 모양으로 생긴 틈새
주상절리	뜨거운 마그마가 분출하여 차가운 공기와 만나 냉각되고 수축되면서 표면이 오각형이나 육각형 등 다각형으로 형성된 수직 기둥 모양의 바위
단애	깎아지른 듯한 낭떠러지
노두	광맥, 지층, 석탄층의 일부가 땅 위로 드러난 것
토르(Tor)	풍화작용이 진행되면서 바위가 깎여 기반암과 떨어져 그 위에 있는 암괴. 이 바윗덩어리를 밀면 흔들리지만 넘어가지는 않는 경우를 흔들바위라고 한다.
관입(貫入)	암석에 다른 성질의 암석이 뚫고 들어가 굳은 상태
화산쇄설물 (火山碎屑物)	화산의 분화로 분출되는 크고 작은 모양의 고체 물질

바다

해식동굴	바다나 호수에서 파도의 작용으로 절벽에 만들어진 동굴

시스택(sea stack)	파도의 작용으로 바위의 약한 부분이 점점 깎이면서 단단한 부분만 남은 굴뚝 모양의 지형
시아치(sea arch)	바위 가운데가 차별침식을 받아 구멍이 뚫리면서 만들어진 동굴
페퍼라이트(peperite)	높은 온도의 용암이나 마그마가 낮은 온도의 아직 굳지 않은 퇴적물이나 바다(호수)의 퇴적물과 만나 급격하게 식으면서 깨진 퇴적물과 뒤섞여 생긴 암석
캘크리트	지표환경에서 토양이나 퇴적물 내에 침전된 석회질 물질이 암석으로 굳어진 것
타포니	바닷물 같은 염분 등의 풍화작용으로 암석에 벌집처럼 집단적으로 파인 구멍. 골다공증 걸린 뼈나 큰 벌집 모양을 닮았다.
육계도	모래 더미가 쌓여 육지와 연결된 섬
해안단구	바닷물의 영향으로 형성된 평탄한 지형이 현재의 해수면보다 높은 곳에 계단 모양으로 나타나는 지형
조간대	해안에서 만조선과 간조선 사이의 부분

하천

하식동	침식작용으로 생겨난 동굴
하각작용	강이나 빙하가 흐르면서 하천의 바닥을 깊게 깎는 작용
폭호	폭포 아래로 떨어진 물과 자갈이 바위를 깎아서 웅덩이가 된 곳
돌개구멍	하천을 따라 이동하던 자갈이 강바닥의 움푹한 부분에 들어가 물과 함께 회전하면서 바위를 갈아내어 만든 둥글고 깊은 구멍
감입곡류(嵌入曲流)	깊은 골짜기 사이를 구불구불 굽이쳐 흐르는 하천
용식작용	물이 암석이나 토양을 화학적으로 용해시키는 작용
두부침식	침식이 상류 쪽을 향해 이뤄져 강의 길이가 길어지는 현상
구하도	하천의 물길이 달라지면서 현재는 물이 흐르지 않는 옛 하도
너덜	주상절리나 암석의 덩어리가 오랜 풍화작용으로 부서지고 무너져 산의 경사면을 따라 흘러내린 돌무더기. 암괴류(talus), 너덜겅이라고도 한다.
애추(talus)	암석단애의 갈라진 절리나 틈에 들어 있는 수분이 동결과 융해를 반복하면서 벌어진 바윗덩어리가 중력의 힘을 받아 아래로 떨어져 쌓인 퇴적층
카르스트 지형	석회암 지역이 빗물이나 지하수의 침식을 받아 이루어진 특수한 지형

감수 이기욱
서울대학교에서 지구환경과학 전공으로 박사학위를 받았다.
박사 논문으로 강원도 화천-양구 지역의 변성암을 주제로 연구하면서 야외 조사에서 수집한
광물 암석의 정확한 성분 조성을 알아내기 위해 실험 분석에 많은 시간을 할애했고,
이 경험을 바탕으로 현재 한국기초과학지원연구원 책임연구원으로 재직하며 연구를 수행하고 있다.

작가 박경화
세상 곳곳에서 일어나고 있는 흥미로운 환경이야기와, 우리 생활과 밀접한 친환경생활을 담은
환경책을 주로 쓰고 있다. 『고릴라는 핸드폰을 미워해』, 『어린이를 위한 고릴라는 핸드폰을 미워해』,
『그린잡』, 『지구인의 도시사용법』, 『여우와 토종 씨의 행방불명』 등을 썼다.

교과과정 분석 이수종
서울 상암중학교 과학 교사. 1992년부터 중학교에서 과학을 가르치고 있으며,
'환경과 생명을 지키는 전국교사모임' 회원으로 환경 교육 자료를 개발해 왔다. 환경교육센터 이사회 회원,
자연의벗연구소 감사, 『학교도서관저널』 청소년 과학 환경 분과 추천위원으로 활동하고 있다.
지은 책으로 『손에 잡히는 사회 교과서 1: 우리 생활과 환경』, 『고전은 나의 힘 과학 읽기』(공저) 등이 있다.

한국의 지질공원

초판 1쇄 인쇄 2017년 11월 15일
초판 1쇄 발행 2017년 11월 22일

지은이 국가지질공원사무국
펴낸이 송주영
펴낸곳 북센스
글작가 박경화
감수 이기욱
그림 정가애
진행 CASA LIBRO
편집 이재희
디자인 명희경
마케팅 박선정

출판등록 2004년 10월 12일 제 313-2004-00237호
주소 서울시 은평구 통일로 서울 혁신파크 미래청 401호
전화 02-3142-3044
팩스 0303-0956-3044
이메일 ibooksense@gmail.com

ISBN 978-89-93746-35-8(13980)
값 13,000원